LE MARQUIS DE SADE.

De la collection de M. de la Porte.

Jules Janin

# Der Marquis von Sade

und
andere
Anschuldigungen

*Mit einem Text*
*von*
*Ernst Ulitzsch*
*sowie*
*einem Nachwort*

belleville

Gesamtherstellung: Hieronymus Mühlberger, Augsburg
ISBN: 3–923646–05–4

# D. A. F. M. D. S.

Donatien Alphonse François Marquis de Sade ist der Bluthusten der europäischen Kultur. Als die Körper der Rokoko-Aristokraten immer muskelschwächer, die Moschusparfüms immer stärker wurden und es kaum einem möglich war, ohne Kantharidenbonbons in erotischen Krampf zu verfallen, stieß er mit kraftvollem Arm die Fenster schlecht gelüfteter Salons ein. Die Schuld lag gewiß nicht bei D. A. F., wenn nun, statt ersehnter Morgenluft, der Gestank des Schlachthauses einströmte, und jauchfahle Fratzen der frische Duft warmen Blutes zum Erbrechen reizte. Er hatte die Witterung der Persönlichkeit. In seinen Ohren hämmerte der Takt des Fallbeiles, ehe es errichtet ward; und während süßlicher Puder ein perverses Greisenleben hervorzauberte, sah er bereits am politischen Himmel den blutigen Andromedanebel. Er sah rot.

Aber er sah auch, ganz phrasenfrei, die ungeheure Tragik des Lebens darin, daß der Mensch einsam ist. Und folgerichtig versuchte er dieses Gefühl des Alleinseins bis in die dünne Höhenluft des individualistischen Anarchismus zu steigern, in der die Vereinigung in der Geschlechtlichkeit vor sich gehen kann. Er spielt, vor Proudhon und Stirner, mit dem Gedanken der ,,Gesellschaft" und haßt den Staat, der den menschlichen Willen kettet. Es ist wahr, er liebte die Nacht und das Verborgene, aber er erkannte auch hier die letzten Wünsche der menschlichen Seele, die sich zutiefst immer gern dem Grauen ergibt. Und dann das andere: Cerebrales schätzte er nicht.

Er war der Prolet, dessen derbe Fäuste auf den Tisch dröhnten, der den rasierten Schädeln die Perücken abriß und mit nackten Schenkeln zum Lever erschien. Aber die Lenden spreizten sich sehnig und schrieen von unmenschlichen Gelüsten. Ja, er predigte das Böse, und glaubte nicht den schmalzigen Stimmen, die auch damals schon röchelten, daß der Mensch gut sei. Und doch klingt aus dem furchtbaren Hohn die tiefe Trauer herauf: Warum ist das alles so?!

„Und ist das Böse nicht gut, und das Gute nicht bös?" schrieb Goethe, nach dem „Werther", der La Roche. Der Marquis de Sade versuchte es in einer Reihe dickleibiger Kolportageromane zu beweisen. Er schleifte die Menschheit zu Tode, aber er rettete seine Theorie.

Er ist der Abdecker der Literatur.

Ernst Ulitzsch

# Der
# Marquis von Sade.

Nach dem Französischen

von

Jules Janin.

Leipzig 1835.
Leopold Michelsen.

Das ist ein Name, den Jedermann weiß, und den doch Niemand ausspricht; die Hand zittert Einem, wenn man ihn niederschreibt, und es schallt Einem wie Winseln in's Ohr, wenn man ihn ausspricht. Wer es darauf wagen mag, der gehe mit uns in diesen Pfuhl von Blut und Lastern. Es gehört ein großer Muth dazu, sich mit dieser Biographie zu beschäftigen, und doch wird sie unter denen einen Rang einnehmen, die am besudeltsten, am unfläthigsten sind. Man nehme also, wie auch ich es machen will, den Muth in beide Hände. Wir wollen mit einander ein Werk der Gerechtigkeit ausüben, indem wir eine warnende Laterne an dem Rande dieses verpesteten Abgrundes aufhängen, damit in Zukunft Niemand aus Unvorsichtigkeit hineinfalle. Wir wollen uns das sonderbare Phänomen in der Nähe betrachten, einen mit Verstand begabten Menschen, der auf Dinge verfällt, wie sie keinem von Menschenblut und Branntwein trunkenen Wilden in den Sinn kommen würden, und dies all die siebenzig Jahre, die er gelebt hat, und in allen Verhältnissen des Lebens: als Kind, als junger Mann, als großer Herr; in seinem Vaterlande und im Auslande, in der Freiheit und im Kerker, unter vernünftigen Menschen und im Tollhause, die Ordnung der Dinge hier wie dort verkehrend, das Gefängniß, den Salon, das Theater, das häusliche Dach und das Hospital in eine und dieselbe Infamie versenkend. Ueberall, wo dieser Mensch auftritt, verspürt man einen Schwefeldunst, wie wenn er durch den sodomitischen See geschwommen wäre. Dieser Mensch ist ausersehen gewesen, in einer unwürdigen Weise das achtzehnte Jahrhundert abzuschließen, dessen gräuliche und zügellose Last er war. Er hat den Henkern von 1793 Schrecken eingeflößt, so daß sie von ihm das Beil abgewendet haben, unter welchem all die vormaligen Freunde Ludwigs XV. umgekommen sind, welche die Orgien überlebt haben. Er ist die Wonne des Direktoriums und der Direktoren, dieser Könige von einem Tage, gewesen, die mit dem königlichen Laster ihr Spiel trieben, als ob das Laster nicht an und für sich eine Aristokratie wäre, der eben so schwer beizukommen ist, als all den anderen; er ist der Schrecken Bonaparte's, als dieser Consul war, gewesen, dessen erster Akt, als er zur Autorität gekommen, darin bestand, zu erklären, er sei ein gefährlicher Tollhäusler; denn wenn Bonaparte diesen Menschen im Ernste genommen hätte, so wäre es mit ihm aus gewesen. Noch diesen Augenblick ist es ein Mensch, der in den Galeeren hochverehrt wird; er ist deren Gott, deren König, deren Dichter, deren Hoffnung, deren Stolz. Welch eine Geschichte! Aber wo anfangen, und aus welchem Gesichtspunkt dies Ungeheuer betrachten? und wer bürgt uns dafür, daß wir bei dieser Betrachtung, selbst wenn sie nur von weitem Statt findet, nicht von irgend einer Eiterbeule bespritzt werden? Aber es muß sein! ich habe es versprochen, ich will es, so lange ich mich auch davor gescheut habe. Man nehme diese Blätter, wie man in der Naturgeschichte die Monographie der Skorpione und der Kröten nimmt.

Zuvörderst wollen wir die Genealogie des Marquis von Sade beleuchten; sie ist hier mehr von Wichtigkeit als irgend anderswo. Man wird sehen, wie viele Geschlechter redlicher Leute diesem Ungeheuer vorangegangen sind, und welch ein Schandfleck es dieser edlen Familie ist. Wie es zugegangen, daß ein Wesen solcher Sinnesart auf so viele Tugenden hat folgen können, das kann nur Gott bekannt sein. Gewiß ist es, daß man keiner lauterern Quelle hätte entspringen können. Wer sollte es wohl für möglich halten, daß der Marquis ein Kind des Brunnens von Vaucluse ist. Sein Stammbaum ist von Laura's und Petrarca's Händen in diesem keuschen Vaterlande der Liebessonette und der italienischen Elegie gepflanzt worden. Der Baum ist unter dem warmen und balsamischen Hauche dieser beiden Liebenden, aller Tugenden Muster, aufgewachsen. Franz Petrarch, dieser ganz blonde und ganz rosige Gibelline, den der Bürgerkrieg aus Florenz vertrieb, kam nach Vaucluse, um dort, fern von dem Getöse der Zwietracht, Cicero und Virgil, seine beiden Favoritrömer, zu lesen. Die italienische Sprache war noch nicht ausgebildet. Dante, dieser ganz gebräunte und ganz rauhe Gibelline, hatte die Volkssprache noch nicht zu der Würde der Schriftsprache erhoben; aber endlich gab Dante das Signal; Petrarca vernahm es, und er besang nun, als ein ächter provenzalischer Troubadour, in dieser völlig neuen Sprache seine Liebe, seine Geliebte. Es war dieses die schöne Laura von Noves, die Gattin von Hugues de Sade, der sie siebenzehn Jahre alt, jung und schön, mit einer Aussteuer von 6000 Livres, zwei neuen Kleidern, das eine grün, das andere scharlachroth und einer silbernen Krone, zwanzig Goldgulden an Werth, geehlicht hatte. Er sah, er liebte sie; er liebte den Körper und die Seele von Laura, wie es in dem Dialog zwischen Petrarca und dem heiligen Augustin heißt. Welch eine zärtliche Leidenschaft! welch ein Entzücken! welch eine stumme Wonne! wie die Liebe des Dichters sich in den tausend unschuldigen Poesien kundgiebt und entfaltet, wo er sein Märtyrerthum beweint, wo er die Härte seiner Dame besingt, die ihn auch nicht eines Blickes würdigt! Es ist dieses eine Geschichte lauterer Liebe, welcher selbst die skeptischesten Schriftsteller Glauben beigemessen haben. Die Tugend der schönen Laura hat so hoch gestanden, daß Voltaire sie als die Iris in der Luft behandelt. Aber während sie vor dem Liebhaber floh, liebte sie doch den Dichter; sie beobachtete ihn von fern, wenn er mit voller Seele nach ihr hinsah, wenn sie in ihren Gärten spazieren ging.

An dem Tage, wo der Dichter nach Rom zurückkehrte, um auf dem Kapitolium die Lorbeerkrone in Empfang zu nehmen, empfand Laura eine große Freude und einen tiefen Kummer in ihrem Herzen; und als er, nach Verlauf eines Jahres, stets liebend und stets getreu, das Haupt mit dem Dichterlorbeer umkränzt, sie wiedersah, und als er den Ruhm über ganz Europa gesungen, und Laura's Namen zu den Ohren aller Könige gebracht hatte, da konnte die schöne Laura, so streng sie auch war, doch nicht umhin, dem großen Dichter, der sie so innig liebte, gewogener zu sein. Sie erlaubte ihm, sie nach dem Brunnen von Vaucluse zu begleiten, sie horchte hin auf seine zärtlichen Worte, ohne ihm zu zürnen; und er trug Lauren seine schönen Verse vor, auf welche die Welt wartete. So lebten sie, er ein Wanderer, sie in ihrem Hause: war sie zugegen, so liebte er sie, war sie abwesend, so besang er sie. Sie aber beschäftigte sich in der Zurückgezogenheit ihres Heerdes mit der Erziehung ihrer zahlreichen Familie und verlebte ihre Jahre in der Ausübung aller häuslichen Tugenden. Aber wie groß war das Erstaunen, wie schneidend der Gram des Dichters, als er Laura zum letztenmale sah! Sie befand sich mitten in einem Kreise von Damen, ernst und nachdenkend, ohne Schmuck, ohne Guirlande, ohne Perlen. Schon hatte die Krankheit, die an ihr nagte, ihre Blässe über ihre schönen Wangen ergossen.

Als Laura ihres Geliebten ansichtig wurde, da sah sie ihn mit einem so gutmüthigen und so ruhigen Blicke an, daß ihm die Thränen in die Augen traten. Eine heillose Pest, die von Asien nach Sicilien gekommen war, breitete sich über ganz Europa aus, und die schöne Laura war eine der ersten gewesen, die davon befallen worden. Gleich bei den ersten Anzeichen des Uebels hatte Laura es gefühlt, daß sie verloren sei; sie bereitete sich gefaßt zum Tode vor, machte ihr Testament und empfing die heiligen Sakramente. Ihre Familie, ihre Kinder, ihre Freunde umstanden, der Ansteckung Trotz bietend, schweigsam ihr Bett. Sie hauchte, stets ergeben, mit heiterem und ruhigem Blick, ihre unschuldige und reine Seele aus. Die ganze Stadt beweinte sie, wie man eine redliche Familienmutter beweint, die in der Erfüllung ihrer Pflichten stirbt.

Sie ward in der Kirche der Franziskaner, in der Kreuzkapelle, im Familienbegräbniß der von Sade beigesetzt. Petrarca befand sich damals zu Verona, und erfuhr den Tod dieses Engels in seinen Träumen. Nun begannen seine Liebesgesänge noch lebhafter als zuvor. Man hatte diese Leidenschaft und mit ihr die Poesie in dem Herzen des Petrarca für erschöpft gehalten; aber er, ein getreuer Liebhaber und getreuer Dichter, liebte und sang nur um so eifriger. Vor allem nach Laura's Tode hat Petrarca seine schönsten Verse gemacht, davon zeugt das schöne Sonnet, welches mit den Worten beginnt: „Ha! wie süß wäre es gewesen, heute vor drei Jahren zu sterben!" und die schöne lateinische Elegie: „Am 6. April, um die erste Stunde des Tages, ward dies schöne Licht der Welt genommen, als ich, ach! mit meinem eigenen Geschicke unbekannt, zu Verona weilte. Die unglückliche Kunde ward uns durch ein Schreiben meines Freundes Ludwig gemeldet, das mich am 19. Mai des Morgens zu Parma vorfand. Der so keusche und schöne Leib ward in der Kirche der Minoritenbrüder an dem Abende desselben Tages, wo sie gestorben war, beigesetzt. Ihre Seele ist, daran zweifle ich nicht, zum Himmel, von wo sie gekommen, zurückgekehrt."

Ein rührendes Lob, das eine der schönsten und der unschuldigsten Frauen ihres Jahrhunderts wohl verdient. Die Verehrung, welche sich um das Grab der schönen Laura begründet hat, ist eine rein poetische. Man verehrt sie als eine poetische Person; aber man liebt sie als eine schlichte Bürgersfrau. Sie hatte die Schönheit einer Italienerin, und die keusche Haltung einer Französin; sie zog sich nach dem häuslichen Heerde als einem Sanktuarium zurück, das jeder anderen als der heiligen und ewigen Liebe, die auf Erden beginnt, aber im Himmel fortwährt, um nie wieder zu enden, unzugänglich war. Sie war einfach, sie war gut, sie war sanft, sie war demüthig an Geist und Herz, sie war die einzige auf dieser Welt, in welcher sie so sehr besungen ward, die nicht an ihre göttliche Schönheit dachte, in diesem Stücke selbst nicht an Petrarca's Verse glaubte. Laura ist das Ideal einer schönen und bescheidenen Frau; ihre Bestimmung war es sicher, entweder in einem Kloster Jungfrau zu bleiben, oder in der Welt einer zahlreichen Familie Mutter zu sein; denn sie war eine Frau, die alle Pflichten einer Gattin zu würdigen wußte, und die eben so keusch in der Ehe war, als sie es im Cölibat gewesen sein würde.

Dank so vielen Tugenden, so vielen Schönheiten und auch so vielen Versen, hat das Grabmal der schönen Laura die größten Leute, die größten Fürsten, die schönsten Geister Frankreichs und Italiens zu sich wallfahrten sehen. Dies Grabmal liegt in der That an der Gränze der beiden poetischen Welten, welchen Laura, Italierin und Französin zugleich, bei Lebzeiten angehörte; Italienerin durch die Leidenschaft, Französin durch die Tugenden einer Familienmutter. Selbst Franz I., dieser galante König, der Heinrich IV. des sechszehnten Jahrhunderts, verliebt gleich Heinrich und Dichter wie er, kam ganz in Gedanken vertieft zum Grabe der schönen Laura: als er sich dann Angesichts so vieler Liebe und Poesie befand, da fühlte er sich von der Erinnerung an diese beiden Liebenden, Laura und Petrarca, ergriffen, und er improvisirte die folgenden, eines Clement Marot würdigen Verse:

En petit lieu compris, vous pouvez voir
Ce qui comprend beaucoup par renommée,
Plume, labeur, la langue et le savoir
Furent vaincus par l'aymant de l'aymée.
O gentille âme, étant tant estimée
Qui te pourra louer en se taisant?
Car la parole est toujours reprimée
Quand le sujet surmonte le disant!

Man kann es sich schon denken, daß nach dem Beispiel des Königs Franz alle Dichter der Welt um die Wette dies bescheidene Grab besangen, dessen Stein statt aller Verzierung und Wappen eine Rose mit der lateinischen Devise: Victrix casta fides, führt. Clement Marot ahmte zuerst seinem Zögling Franz I. nach; der Kanzler von l'Hôpital, diese hohe und männliche Tugend, dies Muster der französischen Magistratur, dichtete schöne lateinische Verse beim Grabmal der Laura von Noves: kurz es war mehrere Jahrhunderte lang eine unglaubliche Folge von Lobpreisungen, von Versen und von Thränen, die diesem Grabe dargebracht wurden, bis dies Grab, Laura's Grab, die so keusch in ihrem Leben gewesen, den Revolutionärs überantwortet wurde, die ihre letzte Ruhestätte öffneten und deren Asche in den Wind streuten. – Aber den Revolutionen ist nichts heilig! Eben so wie Laura's Grab, öffneten sie auch das Grab des braven Crillon, das sich in derselben Kirche befand, Crillon's, der nicht bei der Schlacht von Argues gewesen, der aber, und ganz, in seinem Grabe lag, als die Revolutionärs es wagten, Hand an ihn zu legen.

Das ist die reine und lautere Quelle, das der klare Wasserfaden, ganz ausdrücklich aus den frischen und poetischen Tiefen des Brunnens von Vaucluse hergeleitet, welcher diesen stinkenden Sumpf erzeugt hat, den man den Marquis von Sade nennt. Wie hat der geheiligte Brunnen so viel Schmutz erzeugen, solchen Koth an diesen Ufern absetzen können? Wie war es möglich, daß der melodische und keusche Wiederhall von Petrarca's Sonnetten als letztes Echo so viele schandbare Bücher haben konnte, deren Namen schon eine Schande ist? Gott mag es wissen, Laura weiß es unstreitig nicht. O Gott! was würde sie sagen, wenn sie wüßte, welch eines ehrlosen Geschöpfes Aeltermutter sie ist! Und was würde wohl Petrarca dazu sagen!

Hier muß ich noch die Biographie mehrerer rechtlicher Leute, directe Ascendenten dessen, von dem die Rede ist, geben. Um so besser wird man sehen, welch ein großes Verderben über diese Familie gekommen ist, und mit welchem unvorhergesehenen Unglück der Himmel zuweilen die ältesten Häuser heimsucht, um sie mit dem, was es auf Erden am versunkensten giebt, gleichzustellen. Das sind die traurigen und bitteren Früchte der Lehren von der Gleichheit; ja, das sind sie!

Der Gatte der schönen Laura nannte sich Hugues de Sade; er sah in seiner Frau nur eine ehrliche Bürgersfrau und in diesem Sinne beweinte er sie. – Paul de Sade, einer seiner Söhne, war ein redlicher und barmherziger Bischoff von Marseille, der nach einem langen, in der Ausübung christlicher Tugenden zugebrachten Lebenslaufe sanft erlosch und all seine Habe der Hauptkirche der Stadt vermachte. Ein Neffe des Bischofs von Marseille, Johann de Sade, war eine berühmte und vorwurfsfreie Magistratsperson, ein gelehrter Jurist; er ward von Ludwig II., König von Anjou, zum ersten Präsidenten des ersten Parlaments der Provence ernannt. – Eleazar de Sade, sein Bruder, Oberstallmeister und Obermundschenk des Gegenpapstes Benedikt XIII., leistete dem Kaiser Sigismund große Dienste, daher er von diesem die Erlaubniß erhielt, dem Wappen seines Hauses den kaiserlichen Adler beizufügen. – Peter de Sade war zuerst, die drei Jahre von 1565 bis 1568, Landrichter von Marseille. Diese Stadt war damals arg vom Gesindel heimgesucht. Karl IX. gab Peter von Sade den Auftrag, es aus seiner guten Stadt fortzuschaffen. Er machte sich sofort an's Werk. Er war ein entschlossener und herzhafter Mann; sein hoher Wuchs, sein männliches Gesicht, seine ernste Stimme, sein durchdringender Blick und seine Gerechtigkeit waren der Schrecken aller Nichtswürdigen, die denn auch, Dank dieser Magistratsperson, den Platz bald räumten. – Zur nämlichen Zeit finden wir auch einen Johann Baptist de Sade, einen tugendhaften und gelehrten Prälaten, der ein christliches Buch, „Christliche Betrachtungen über die Bußpflichten", geschrieben hat, als Bischof von Cavaillon vor. – Joseph von Sade, Malteserritter, Kapitän der Grenadiere, dann Obrist der Infanterie, hernach Brigadier der Armee des Königs, und endlich Gouverneur von Antibes, vertheidigte und rettete diese Festung, den Schlüssel von Frankreich, der zugleich von einer östreichisch-sardinischen Armee und einer englischen Flotte angegriffen wurde. Er starb im Jahr 1761 als Marechal de Camp. – Sein Sohn, Hyppolit, war ein braver Seemann; er zeichnete sich in dem Treffen von Quessant, im Jahr 1778, aus; im folgenden Jahre brachte er zu Anfang der Blockirung von Gibraltar ein Geschwader von Toulon nach Cadix; hernach diente er unter den Befehlen des Admirals Guillen in Amerika; er starb in offener See, Angesichts von Cadix, im Jahre 1788; er war der dritte Chef der Eskadre nach der Anciennetätsfolge.

Das sind doch wahrlich ehrenwerthe und berühmte Vorfahren, wahre Familienhäupter, würdige Nachkommen der schönen Laura.

Alle Würden und alle Tugenden begegnen sich in dieser Familie. Der christliche Bischof, die Magistratsperson, der Krieger, das Haupt der Munizipalpolizei, der Seemann, der Reisende, lauter thätige und ausgezeichnete Leute, das ist doch wohl eine Familie, die hoch steht! Und man glaube nur nicht, daß diese Familie bei all ihrem Glückswechsel je ihre große und liebenswürdige Ahnfrau, die von Petrarca besungene Laura von Noves, vergessen hat. Im Gegentheil, sie war der Gegenstand der Verehrung dieses Hauses. Laura war der gute Genius, die weiße Frau von Avenel des Hauses Sade; man rief sie an, wenn der Familie Gefahr drohte; man dankte ihr in den Tagen des Wohlergehns; sie war ihr Ruhm, ihr Stolz. So trat mitten im achtzehnten Jahrhundert Franz Paul von Sade, ein zierlicher Schriftsteller, ein Mann von Geist und Styl, früher Abbe von Uxeuil und in allen frivolen und reizenden Freuden des achtzehnten Jahrhunderts zu Hause, zeitig ab, und nachdem er dem Witze, dem Skepticismus, den wenig verschleierten Grazien, dem guten Geschmacke und dem Luxus des Paris unter Ludwig XV. Valet gesagt, zog er sich in ein kleines Haus zurück, das er in der Nähe von Vaucluse besaß, und brachte dort sein Leben, nicht in den Austeritäten der christlichen Buße, nicht in der vagen und unfruchtbaren Reue über sein vergangenes Leben, sondern in dem Cultus zu, den er dem guten Genius seiner Familie gewidmet hatte. Die schöne Laura war für Franz von Sade in der That der Gegenstand, mit welchem er sich sein ganzes Leben lang beschäftigte. Er widmete ihr einen förmlichen Cultus, er trug ihr seine Gewissensbisse und seine Reue vor, wenn er deren hatte, denn er hatte an der Seite der schönen Frau de la Popeliniere, einer Liebschaft des Marschalls von Sachsen, profane Jahre und glückliche Stunden verlebt. So hat Franz von Sade uns Denkwürdigkeiten über das Leben Franz Petrarca's hinterlassen, eine bewunderungswürdige Biographie; eine vortreffliche Uebersetzung von Petrarca's Werken und endlich – denn diese beiden sind mit einander verschmolzen – Petrarca und die französische Poesie, eine sehr vollständige Arbeit über die ersten Dichter und über die Troubadours der Provence. Zur nämlichen Zeit, wo Franz von Sade diesen edlen Werken oblag, die er zur Ehre der Frau unternommen hatte, die sein Abgott war, verband sein ältester Bruder, der abwechselnd Gesandter in Rußland und zu London war, sich durch das Fräulein von Maille, einer Nichte des Cardinals von Richelieu, die den großen Condé geheirathet hatte, mit dem Hause Condé. Das ist demnach eine Familie, die mit Laura von Noves beginnt, die den Adler des Hauses von Oestreich in ihrem Wappen führt, und die im Hause Bourbon Halt macht. Man finde einmal eine, die, wenn nicht größer, mindestens glücklicher gewesen wäre wie diese!

Aber hier hat dies große Glück sein Ende. Diese illustre Familie wird erlöschen – erlöschen? nein, sie wird in einem Pfuhl von Schandthaten untergehn; sie wird von der Höhe ihres Rufes in die scheußlichsten Extravaganzen hinabstürzen, welche einem Galeerensklaven im Kerker an einem Sommertage durch den Sinn fahren können. Es ist darum gethan, am 2. Juni 1740, wo, in dem Hotel des großen Condé selbst, dem edlen Wohnsitze, durch welchen das ganze siebenzehnte Jahrhundert durchgegangen ist, der erlauchten Schwelle, welche der große Condé, der große Corneille, Bossuet, Racine und alle die anderen großen Männer des Jahrhunderts betreten haben, der furchtbare und famöse Marquis von Sade auf die Welt kam, dem Ansehn nach ein wohlgestaltetes Kind, und dessen Schrei dem Schrei von andern Kindern ähnlich war. Die Mutter des Marquis von Sade war eine redliche Frau, die Ehrendame der Prinzessin von Condé. Kaum war ihr Sohn sechs Jahre alt, als die Mutter ihn nach der Provence schickte, unter blühende Orangen, damit er eine reine Luft einathme, damit er in einen blauen Himmel schauen könne, damit er wie ein Kind der Provence mitten unter Blumen, die sich öffnen, am Ufer von Flüssen, die murmeln, im Lichte von Gestirnen, die hell funkeln, aufwachse, und nicht wie ein jämmerlicher Pariser zwischen den vier Wänden eines Hauses, und wenn es auch ein Fürstenhaus wäre. Was hätte die Mutter des kleinen von Sade wohl Besseres für ihren Sohn thun können? Aus der Provence kam das Kind nach Exeuil in Auvergne, zu seinem Onkel, dem Abbe von Sade, demselben geistreichen Schriftsteller, dessen wir eben erwähnt haben, der ihn in den Briefen Laura's und in den Sonnetten Petrarca's im Lesen unterwies. Der Abbe gab sich alle erdenkliche Mühe mit dem Neffen, der ihm von Laura, seiner letzten Neigung, zukam; er führte ihn in den schönen Gebirgen der Auvergne herum, er lehrte ihn die tausend kleinen Wissenschaften, die allen Kindern beizubringen sind, als: eine Fabel Lafontaine's oder das Vaterunser aufzusagen; dem Armen die Hand zu reichen, der seine Hand nach uns ausstreckt; den Fremden wohl aufzunehmen, der uns um ein Nachtlager anspricht; die Namen der großen Männer Frankreichs im Gedächtniß zu behalten, vor allem den Namen seiner Ahnfrau, Laura von Noves, die Laura des Petrarca, zu segnen. So ward dies Kind erzogen, welches aus dem Wasser der Taufe in das Wasser des Brunnens von Vaucluse, dieser zweiten Taufe, getaucht wurde; dann, als es kräftig genug war, als es zur Genüge seine glückliche Kindheit verlebt hatte, da brachten sein Onkel, sein Vater, seine Mutter und die Prinzessin von Condé es unter im Collegium Ludwigs des Großen, in der St. Jakobsstraße, der Heimath Gressets, dieses geistreichen Mannes, der die Ehre hatte, einem Voltaire Unruhe zu machen, und dem wir le Méchant und Vert-Vert verdanken.

Dies Collegium Ludwigs des Großen hat merkwürdige Leute in's Leben gerufen. So denke man denn daran, daß der Marquis von Sade auf diesem großen Hofplatze neben der Mauer der Kapelle herumspazieret ist; ein anderer junger Mann ging, zehn Jahre später, an derselben Stelle, auch schweigsam, mit verschränkten Armen, und schon so düster, daß seine Mitschüler Scheu vor ihm hatten, spazieren. Dieser Andere hieß – Maximilian von Robespierre. Ha! ein würdiges Paar, der Marquis von Sade und Robespierre! Der Eine, der so viel Mordthaten im Sinne gehabt, als der Andere ausgeführt hat. Der Eine, dessen Leidenschaften Blut und Laster waren, der aber nur diese letztern befriedigen konnte; der Andere der nur eine Leidenschaft, den Blutdurst, hatte, diese aber auch bis zur Uebersättigung befriedigte. Zwei Männer, die aus den Trümmern der Gesellschaft erstanden sind, zwei socielle Brandmale; aber jener war ein so schmutziger Schandfleck, daß die Gesellschaft ihn durch Bonaparte's Mund, der ihr Oberhaupt geworden, für toll erklärte; dieser hingegen war ein so furchtbares Ungeheuer, daß die Gesellschaft ihm die Ehre angethan hat, ihn auf dem Schaffotte zu tödten, und so ist beiden ihr Recht geschehen: Robespierre ist gestorben, wie alle die ehrlichen Leute, die er getödtet hat, und der Marquis von Sade ist unter all den elenden Tollhäuslern verschieden, die das durch ihn geworden sind.

Als der Marquis von Sade vierzehn Jahre alt geworden war, verließ er das Collegium, und dies war für sein Collegium ein Festtag. Es umgab diesen jungen Mann schon eine, ich weiß nicht welche, verpestete Luft, die ihn allen verhaßt machte. Er war schon ein Fanatiker des Lasters. Er schwärmte von dem Laster, wie andere von der Tugend schwärmten, und schon würden alle die Schwärmereien seines Kopfes hinreichend gewesen sein, die Assisengerichte der Hölle zu ergötzen. Er verließ das Collegium in demselben Augenblicke, wo Robespierre es betrat. Ha! die arme französische Gesellschaft, die keine Ahnung von dem hat, was ihr bevorsteht, und die es nicht gewahrt, daß sie verloren ist, obgleich die Bastille noch steht! Aus dem Collegium ging Herr von Sade über in das Regiment Chevauxlegers; dann ward er als Unterlieutenant beim Regiment des Königs angestellt, hernach als Lieutenant bei den Karabiniers, und endlich als Kapitän bei einem Kavallerieregimente. Er machte den siebenjährigen Krieg in Deutschland mit. Zurückgekehrt nach Paris, ließ man ihn das Fräulein von Montreuil, die Tochter eines Präsidenten beim Steueramte, heirathen, ein armes junges Geschöpf, sanft, liebenswürdig, hübsch, tugendhaft, schüchtern, die nur einen Kavallerieoffizier als Gatten zu bekommen glaubte, und die einen Marquis von Sade zum Mann erhielt!

Man kann keine Epoche unserer Geschichte mit dem Ende des achtzehnten Jahrhunderts, dieser feierlichen Geistesepoche, die von Voltaire, ihrem obersten Meister und Hohenpriester, so raschen Schrittes ihrem Abgrunde zugeführt ward, vergleichen. Ich glaube nicht, daß es je in einer andern Epoche so viel Geist und eine so große Sorglosigkeit hinsichtlich der Zukunft gegeben hat. Es ist eine von der Liebe und dem Luxus ganz versengte Epoche, wo ein jeder das, was ihm geblieben, auf eine Karte setzt, dieser seinen großen Namen, jener seinen großen Reichthum, wieder ein anderer seine Jugend und seine Schönheit; wo der König um seinen Thron, der Priester um seinen Gott spielt! Und was war der Gewinnst bei diesem gräulichen Hazardspiel? Ein Augenblick der Trunkenheit, ein Herzklopfen von einer Viertelstunde, einige ironische Applaudissements von Ferney – das war alles. Wenn man hinhorcht auf das Geräusch, was dies Jahrhundert macht, so gewahrt man bald, wie all den Freuden alle Leiden beigemischt sind: Geburten, Selbstmorde; Wonne und Verzweiflung; verderblicher

Tod, endlose Liebe; ein Gemisch, das die Ewigkeit aufmerksam machen könnte, wenn die Ewigkeit ein Auffassungsvermögen hätte. Welch ein Treiben, welch ein Chaos, welch ein Gelärm! Dann wieder welch eine Stille, nachdem der Thron zusammengebrochen ist, und man auf dem Revolutionsplatze nur noch das Messer fallen hört, das auf dem Schaffotte in Bewegung gehalten wird.

So waren die Greise, so war die Jugend damals beschaffen. Niemand unter ihnen, jung oder alt, nahm eine Sache ernst, und sie würden, wenn man ihnen gesagt hätte, die Welt sei im Begriffe unterzugehen, zuvörderst gefragt haben, wo die besten Plätze zu haben wären, um dem Untergange der Welt zuzusehen. Demnach liegt es am Tage, wie sehr gefährlich die kleine Zahl derjenigen war, welche damals eine Sache ernst nahm. Damals hätte dasjenige, was die Gesellschaften in der Regel zu Grunde richtet, die französische Gesellschaft retten können: sie wäre gerettet worden, wenn sie frivol geblieben wäre – aber konnte sie das? Dem sei nun, wie ihm wolle, genug, dasjenige, worauf der Marquis von Sade es im Ernst abgesehen hatte, war nicht die Freiheit, wie bei Mirabeau, auch nicht die Ausrottung des Adels, wie bei Robespierre, es war das Laster. Der Marquis von Sade war der Wortführer des Lasters, wie die anderen die Wortführer der Freiheit waren. Ein furchtbares Argument sowohl gegen die Freiheit als gegen das Laster in jener Zeit ist es, daß beide zum Morde führten.

Und wie hätte sich nicht auch unter diesem Volke, das alles, alles übertrieb, ein Mann finden sollen, um so viele scheußliche Bücher zu überbieten, welche auf Anregung der Sinne basirt waren, und mit welchen so viele Schriftsteller und so viele Buchhändler einen täglichen Handel trieben! Man öffne den schlechten Büchern die Thür und es wird bald alles von ihnen überschwemmt sein. Ha! meine schöne französische Gesellschaft, Du hast immer Zeit übrig; Du bist es nicht zufrieden, die Tage im Trinken, die Nächte im Spiel zuzubringen! Weder das Spiel, noch die Intrigue, noch die Liebe, noch das politische Gewäsch, noch die Geschichten vom Hirschpark, noch das Lächeln der Frau vom Pombadour, noch das verführerische Augenspiel der Madame Dubarry, noch die nächtlichen Feste der beiden Trianons, noch die Opernintriguen auf dem Maskenball, noch all dies Gold, noch all dieser Luxus, noch dieser Thron, der auf Erden untergraben wird, noch dieser

Gott, den man im Himmel umstößt, befriedigen Dich! Dir thut noch anderes als Voltaire Noth, der sich in dem Becher leichter Poesie, den er gefüllt hatte, um andere zu berauschen, selbst berauschet hat. Ha! es genügt Dir nicht, daß Du den Präsidenten von Montesquieu gezwungen hast, in dem Vaterlande der Venus, auf Gnido, einen Tempel aus schlechtem Porphyr und mit mythologischen Guirlanden aufzuführen; es genügt Dir nicht, daß Du Jean Jacques Rousseau, den feurigen Reformator, dahin gebracht hast, einen Liebesroman zu schreiben, weil er die Sitten seines Jahrhunderts gesehen hat.

Wie konnte es bei einer solchen Fluth von zügellosen Schriften, und wenn die größten Literatoren, ein Voltaire, ein Jean Jacques Rousseau, ein Diderot, ein Montesquieu, dem vorherrschenden Geschmacke opferten, wenn die einnehmendsten Geister jener Zeit in ihren Büchern nur darauf bedacht waren, den Sinnen über alle Maßen zu schmeicheln, es wohl anders sein, als daß die jungen Leute, welchen plötzlich die tolle Sucht, für die traurige Leidenschaft der Menschen zu schreiben, anwandelte, diese leichte Aufgabe in Ausführung brachten? So schrieb der größte Politiker des Jahres 1789, Mirabeau, als er wegen Vergehungen gegen die Sittlichkeit auf Befehl des Königs gefangengesetzt wurde, in dem Kerker von Vincennes schlechte Bücher, welche der Polizeipräfekt für Rechnung seines Gefangenen an die Buchhändler verkaufte, es sich vorbehaltend, dieselben Werke, welche er verkauft hatte, um dem Grafen von Mirabeau Kleider und Wäsche anzuschaffen, späterhin, wenn sie gedruckt worden, als Magistratsperson zu verfolgen.

Aber man verstehe mich recht; der Marquis von Sade kann auch nicht einmal auf die jämmerliche Ehre Anspruch machen, den verirrten Schriftstellern zugesellt zu werden, die im Ganzen doch nur langer geschriebener Schlüpfrigkeiten schuldig sind. Wenn dies der Fall wäre, so würden wir vom Marquis von Sade gar nicht sprechen; dergleichen kommt in allen Literaturen der Welt zu häufig vor, als daß wir es ihren Verfassern hoch anrechnen sollten. Selbst Virgil, der keusche Virgil, ist in diesem Stücke nicht ganz vorwurfsfrei. Aber unser Held, der Marquis von Sade, hat aus diesen schlüpfrigen Büchern die Beschäftigung seines ganzen Lebens gemacht, und einen ganzen Codex von Schmutz und Lastern aus dem, was in den Köpfen der andern Schriftsteller nur Schlüpfrigkeiten waren. Aber während seine Konfratres die Libertins jeden Alters nur auf eine oder ein paar Stunden unterhalten wollten, hat er aus dem Laster eine Lehre machen und aus einer schandbaren Theorie zur Praxis übergehn wollen. Kurz, und weil ich mich doch einmal aussprechen muß, wie ich mich auch drehen und wenden mag, so höre man, und folge mir, unbesorgt, denn der Marquis von Sade ist todt, ja ich habe, indem ich dieses niederschreibe, selbst seinen Schädel vor Augen.

Aber wo anfangen und wo endigen? Wie diese Analyse von Blut und Koth machen, wie alle diese Mordthaten aufdecken? Wo befinden wir uns? Nur unter blutigen Leichen, unter Kindern, die den Armen ihrer Mütter entrissen worden, unter jungen Frauen, die am Ende einer Orgie erwürgt werden, unter Bechern, die mit Blut und Wein gefüllt sind, unter unerhörten Torturen, unter Stockschlägen, unter scheußlichen Geißelungen. Es werden große Kessel glühend gemacht, es werden Folterbänke aufgerichtet, es werden Hirnschädel eingeschlagen, es werden Menschen lebendig geschunden; man kreischt, man schwört, man blasphemirt, man beißt sich, man reißt sich das Herz aus dem Leibe, und dieses fünfzehn endlose Bände hindurch, und dieses auf jeder Seite, in jeder Zeile, immerwährend! Ha! welch ein rastloser Bube! Schon in dem ersten Bande hat er alle Niederträchtigkeiten, alle Qualen aufgehäuft. Derjenige, der es wagen würde, zu berechnen, wie viel Blut und Gold dieser Mensch hätte haben müssen, um nur ein einziges seiner wahnwitzigen Gelüste zu befriedigen, würde schon ein großes Ungeheuer sein. Man zittert, wenn man nur in dem Schandpfuhl blättert.

Und hätte der Marquis von Sade es nur bei seinem ersten Buche bewenden lassen; aber die Bahn ist gebrochen, er muß zu einem zweiten schreiten. Kaum zu Ende mit diesem Roman, sagt dessen verabscheuungswürdiger Verfasser, indem er es noch einmal überliest, zu sich selbst, daß er weit hinter dem zurückgeblieben, was er hätte schaffen können. Seine scheußliche Einbildungskraft hat ihn betrogen: er hielt sie für erschöpft, und sie ist nur noch feuriger wieder erwacht. Er glaubte ein Meisterwerk geschaffen zu haben, und er hat nur eine Schülerarbeit geliefert. Er hat das Menschengeschlecht dezimirt; er will es aber gänzlich hinopfern. So macht er sich denn frisch wieder an's Werk. Er predigt nicht bloß Orgien, nein, auch Diebstahl, Elternmord, Kirchenraub, Entweihung der Gräber, kurz alle Gräuel. Er hat Verbrechen ausgesonnen, an welche kein Strafkodex gedacht hat; er hat Qualen erfunden, auf welche keine Inquisition verfallen ist. Ha! wage es doch niemand, diese Schandschrift anzurühren, er wird mit eignen Händen seinen Schlummer tödten, den sanften Schlummer, diesen süßen Tod des täglichen Lebens, wie Macbeth sagt.

Aber man wird wissen wollen, wie ich dazu gekommen bin, dies Buch zu lesen, ich, der ich nicht wie andere, meine Müssigkeit und das süße far niente der vier Jahreszeiten zu meiner Rechtfertigung anführen kann. O Gott! es ist dieses eine traurige Geschichte meiner ersten Jugend, die sich in einem keuschen Gebirgslande zugetragen hat, und die ich nun, so wie sie ist, ohne Umschweife und ohne etwas daran zu ändern, mittheilen will.

Wir hatten eben das Collegium verlassen – die schöne Zeit glänzender Ahnungen, wo das Leben sich so schön, so geschmückt, so glücklich zeigt! Es ist dieses ein erster, ein feierlicher Augenblick der Freiheit, wie er sich nie wiederholt. Fröhlich und wohlgemuth waren wir abgereiset, einer meiner Freunde, einer meiner Landsleute und ich, um zu den gekrümmten Ufern unseres ungestümen und vagabundirenden Flusses, der Rhone, zurückzukehren; der Rhone, unserer Liebe, unserer Leidenschaft, unseres Walles, die uns gewiegt und eingeschläfert hat, als wir noch Kinder waren. Und siehe da, da ist sie ja, die Rhone: man sieht sie von fern so hoch, wie der Himmel; sie glänzt, sie strahlt, sie braust. Da sind wir, ich und mein armer Julian, er in den Armen seiner Mutter, ich in den Armen meines Vaters und meiner Mutter, und beide fetirt, wie ich das wohl sagen kann, da meine Eltern todt sind. Man riß sich im Dorf darum, uns das Haus, das Herz zu öffnen; denn Julian und ich, wir waren, wie alle sagten, ein paar Gelehrte, ein paar Phänomene, ein paar Pariser, ein paar große Männer der Zukunft: so klang der Ausspruch meines Onkels Karl und seines Onkels Gabriel. Und der Onkel Gabriel des Julian war eben so wie wir ein Gelehrter, ein Lateiner, ein Mann, der den Virgil las, und er war überdem der Pfarrer eines kleinen Dorfes an der Rhone. Dieses Dorf, an den Seiten eines Kalkfelsens hängend, mitten unter Reben und Pfirschen, war die Domaine oder vielmehr das

Königreich des guten Pfarrers Gabriel. Man kann sich denken, daß der gute Mann nichts Angelegentlicheres zu thun hatte, als uns beide, Julian und mich, nach seiner reizenden Pfarrwohnung zu führen, wo wir, er und wir, ganz nach unserm Gefallen Lateinisch sprechen konnten, wir beide nur mit Essen, mit Schlafen, mit dem Ersteigen der Berge, dem Hinhorchen auf das Toben des schäumenden Wasserfalles beschäftigt waren, während er die Armen besuchte, die Messe hielt, in seinem Brevier las, stets der einfachste, der sanfteste und der wohlthätigste der Landprediger war, so wie wir die losesten und undisciplinirtesten Schüler.

Ich sehe es noch, das niedliche Pfarrhaus, den Hofplatz voll Holz für den Winter, den großen Garten, zur Hälfte für Gemüse, zur Hälfte als Weinberg, der alle Hausbedürfnisse lieferte, das Stroh für das alte Maulthier im Stalle und das Brod und den Wein für den Herrn. Das Haus des Pfarrers Gabriel war im Uebrigen ein eben so wohlgelehrtes als wohl bedachtes Haus. Ich glaube nicht, daß ich im Stande bin, alle die Reichthümer seines zweiten Stockwerks zu beschreiben. Das Zimmer des Pfarrers hing voller Bilder in Rahm und Glas; man sah dort zwischen einem schönen Christusbilde aus Elfenbein und einer Magdalene ein altes kleines Spinet stehen, das ehemals vergoldet gewesen und noch jetzt mit einer Rosenguirlande geschmückt war. Wie oft haben wir uns daran ergötzt, auf diesem alten Kasten die beiden Volksarien: Ah! vous dirai-je, maman, und J'ai du bon tabac, zu trommeln, daß er ach und weh schrie!

Aber die interessanteste Piece für ein paar ungestüme Schüler, wie wir damals waren, das war ein großes Gemach mit einem einzigen Fenster, welches der gute Pfarrer als Bibliothekzimmer gewählt hatte. Welch eine Menge Bücher, großer Gott! und welch dicke Bücher. Sie waren dem Pfarrer zu Händen gekommen, wie Bücher zu Händen kommen, eins bei eins: denn die gebundenen Bücher haben eine, ich weiß nicht welche, Anziehungskraft, welche sie alle auf einem und demselben Fleck versammelt; man darf ihrer nur einige haben und kann sich ihrer bald nicht mehr erwehren; wider unsern Willen überflügeln sie uns, nehmen sie alle Plätze in Beschlag, spielen sie den Herrn. Das ist so ungefähr die Geschichte der Bibliothek des guten Pfarrers; aus jedem Hausverkauf bekam er einige Bände, jeder Todesfall mehrte dieser Bände

Zahl, und so auch jede Reise. Sein Haus war die Generalniederlage der Bücher aus der ganzen Umgegend geworden, und er hatte dabei nichts weiter gethan, als all dies Papier, ob gut oder schlecht, und ohne es erst genau zu prüfen, gehörig aufzustellen, um eine gelehrte und bestaubte Sammlung zu haben, die er mit Stolz den andern Pfarrern, seinen Nachbarn, vor Tisch zeigte, wenn dieser noch nicht gedeckt worden war.

Und doch ist diese unschuldige Bibliothek meinem armen Freunde Julian, dem Neffen des Pfarrers Gabriel, dem eigenen Sohne seiner Schwester, die nur dies eine Kind hatte und keinen Mann mehr, so verderblich geworden.

Dieser kleine Julian war ein naives Kind, von lebhaftem, aber wenig ausgebildetem Geiste, von vulgairen, aber raschen Begriffen; seine wenig angeregte Einbildungskraft hatte ihn in einer vollkommenen Unschuld erhalten; er spielte, lachte und schwatzte gern, und war dabei sehr neugierig. Um es ihm recht bequem und angenehm zu machen, hatte sein Onkel ihm ein niedliches kleines Zimmer eingeräumt, zu welchem der Weg durch die Bibliothek führte, so daß den armen Julian, da er diese Morgens und Abends passiren mußte, am Ende die Lust anwandelte, ein Buch daraus zu lesen, falls es ein amüsantes wäre, und darnach suchte er dann.

All den Büchern, welche auf den untern Realen standen, waren ihre Titel aufgeklebt; aber ganz oben in der Bibliothek, in einer vom Staube ganz geschwärzten Reale, standen einige Bücher, deren Titel durch eine Papier-Enveloppe unsichtbar gemacht worden waren, welche die Bestimmung hatte, nicht das Buch vor dem Leser, sondern den Leser vor dem Buche zu schützen. Aber eben diese unglückselige Enveloppe war es, welche die Wahl des armen Julian entschied. Anfangs schwankte er; eine innere Stimme sagte zu ihm, er thäte etwas Unrechtes; aber allmälig ward er wieder dreister. Zuvörderst suchte er dem Titel beizukommen; dies war ein Frauensname, wie man ihn auf allen Romanen von Ducray Duminil findet. Endlich zerreißt das Kind nun die ganze Enveloppe, welche von vier schwarzen Siegeln zusammengehalten ward. Als er das Buch aufschlug, da war es ihm, als ob es von einem Schwindel befallen würde; als es sich aber von seinem ersten Schrecken erholt hatte, da schloß es sich mit – den Werken des Marquis von Sade auf seinem Zimmer ein.

Man kann es sich denken, wie diesem unwissenden, schüchternen und zarten jungen Manne bei dem Lesen eines Buches zu Muthe ward, welches auch die festeste Organisation würde erschüttern können. Man denke sich diesen unglücklichen Jüngling, wie er erbleicht, wie er zittert, als er dies lange Pamphlet gegen das Menschengeschlecht in Händen hält. Was that er, der arme Julian, so ganz allein mit dem Marquis von Sade, Tête-à-Tête mit diesem vor Wuth heulenden Tiger, dieser von Blut triefenden Hyäne, diesem ganz in Laster gewälzten Anthropophagen? Welche furchtbare Scenen! Wie dies arme Herz in dieser kleinen Brust klopfte! Wie dies blonde, geringelte Haar sich vor Schrecken aufrichtete und dann zitternd und schlaff wieder auf die blasse und gelb gewordene Stirn niederfiel! Wie der arme kleine Julian ganz und gar dem Gifthauche des Marquis von Sade erlag! Welche Schauer, welch ein Schrecken! Ha! eine Nacht dieses Lesens hatte ihn um zwanzig Jahre älter gemacht. Es ist mir, als sähe ich ihn noch, wie er beim zweiten Morgenmahl erschien. – Bist Du es, Julian? Er, sonst der fröhliche Julian, schlug die Augen nieder, sein Kopf war feuerroth, seine Haltung war gezwungen, sein Blick unstät, wie im Delirium. Den ganzen langen Tag hatte er auch nicht ein Wort für mich, für niemand eine Liebkosung; leider war sein Onkel schon des Morgens ausgegangen, um fern jenseits der Rhone einem seiner Beichtkinder die letzte Oelung zu geben, ohne daß es dem unglücklichen Priester ahnte, daß in seinem Hause eine Seele, die Seele seines kleinen Julians, zu Grunde gehe. So konnte der Greis seinem Neffen also nicht sogleich zu Hülfe kommen. Es war Niemand im Hause als die Magd, eine gute und ehrliche Person, die nicht lesen konnte und der es wohl nicht einfiel, daß das Lesen eines Buches den Tod zur Folge haben könnte; und ich, das Kind der Pariser Rhetorik, das in Hinsicht auf verbotene Verse noch nichts gelesen hatte als die Ode an Myrrha in unserem Dichter Horaz. Kein Anderer, Niemand konnte die moralische Krankheit Julians errathen, so daß derselbe, als es Abend geworden, unter dem Vorwande, er sei unwohl, sich noch einmal auf sein Zimmer zurückziehen und mit Muße seine scheusliche Lectüre fortsetzen konnte. Gerade an diesem Tage umwölkte sich der Himmel, brach der Sturm los, brüllte die Rhone, zerriß das Tau der Fähre, welche die beiden Ufer mit einander verband, und so mußte der alte Pfarrer die Nacht am jenseitigen Ufer zubringen.

Ha! wenn Du je die tobenden Fluthen besänftigt hast, mein Gott; wenn Du je vom Rasen des Sturmes erwacht bist, und gesagt hast: Kleingläubige, was fürchtet Ihr? jetzt ist es an der Zeit, daß Du, rettender Heiland, noch einmal über das Wasser schreitest, noch einmal den Sturm zügelst, und dem kleinen Julian zu Hülfe eilst, den der Marquis von Sade mit seinem tödtlichen Gifte umfangen hält! Der Sturm hielt die ganze Nacht an, der Fluß brüllte unaufhörlich, der Himmel stand in Feuer, und der Donner machte das Echo in den Bergen matt: mein unglücklicher Freund gewahrte nichts von alle dem: er las den Marquis von Sade!

Beim ersten Strahl der Sonne besänftigte sich die Rhone, der Himmel ward wieder blau, der Vogel sang, der Baum hob sein gebeugtes Haupt auf's neue empor, der Schiffer betrat wieder sein Boot, und der würdige Pfarrer kehrte zu seinem Heerde zurück. Zuvörderst geht er aber nach seiner kleinen Kirche, stellt das geheiligte Ciborium wieder auf seine Stätte auf dem Altare hin, und nachdem er noch ein Gebet verrichtet hat, betritt er dann sein Haus. Ich, ich stand in all der Wonne des Frühlingsmorgens in der Thür, um den guten Pfarrer zu erwarten; ich sang, ich lockte den Hund, der seinen Herrn vor der Kirche erwartete, ich sagte Katharinen guten Tag, die von ihrer Kuh fortgezogen wurde, theilte die Trauben des Weinstocks, welcher das Haus zierte, unter die Hühner und Tauben auf dem Hofe aus. Ich war unbeschäftigt, allein, Julian war noch nicht aufgestanden und ich wartete auf ihn.

Als der gute wohlbeleibte Pfarrer Gabriel aus der Kirche zurückkehrte, schloß er mich kräftig in seine Arme und sagte im heitersten Tone zu mir: Quomodo vales? Und ich antwortete rasch, ebenfalls lateinisch: valeo. Dann sah er sich nach Julian um, nach seinem kleinen, ganz blonden, niedlichen und schmächtigen Julian, den er lieb hatte, wie ein Vater seinen Sohn liebt, nach seinem Julian, seiner Familie, seinem Erben, dem Kinde seines Namens, während er, ein heiliger Priester, keinem Kinde seinen Namen geben konnte. – „Wo ist Julian?" sagte er zu mir.

– Der ist unwohl, lautete die Antwort, und er hat die Thür verschlossen; er wird wohl schlafen.

Aber Julian erwachte nicht.

Schon unruhig, geht sein Onkel nach dessen Zimmer und ruft ihn bei Namen. Keine Antwort. Er klopft an; die Thür bleibt verschlossen. Er forcirt die Thür, er tritt hinein; o Jammer! bei dem Anblick dieses schwarzen Gewandes, bei dem Anblick dieses Priesters, der die Arme ausstreckt, um ihn zu umarmen, stößt Julian einen furchtbaren Schrei aus. Er zittert, er zieht sich zurück, er fürchtet sich, er möchte sich unter der Erde verbergen. – Was ist Dir, Julian, was ist Dir? sagte der Priester. Julian springt auf und entflieht. Ich will ihn aufhalten: er sieht mich an, erkennt mich aber nicht und stößt mich zurück. Die Haushälterin eilt herbei; auch sie erschreckt ihn. – Hülfe! Hülfe! schreit das Kind und läuft halbnackend weiter. Die Kirche stand auf, aber es schauderte bei diesem Anblick zusammen, und als die Glocke das Angelus des Mittags anzog, da fiel es ohnmächtig zu Boden. Es war ein verlorenes Kind: eine furchtbare Nervenkrisis hatte es zusammengebrochen; es ward bewußtlos wieder in sein Bett getragen.

Bald war das ganze Dorf versammelt, und alle fragten sich, was hier zu thun sei; da fährt eben der Arzt des benachbarten Dorfes über die Rhone – denn der leibliche Arzt hatte seine Wohnung unter den reichsten Leuten, der Seelenarzt die seinige unter den ärmsten. Deshalb ist der Pfarrer in diesem Kanton der König des rechten Ufers; während der Doktor der König des linken Ufers ist. Julian sprach kein Wort. Von Zeit zu Zeit seufzte er tief auf, und zuweilen schoß er schreckhaft zusammen. Er wollte niemand sehen, er wollte niemand hören, er kannte niemand. Seine Mutter eilt jammernd und in Thränen schwimmend herbei; er stößt auch sie zurück. Man weiß gar nicht, was das für ein Uebel sein mag, das so plötzlich gekommen und so hartnäckig ist. Endlich erklärt ein Arzt, der von Lyon gekommen ist, das Kind sei epileptisch, und geht dann seiner Wege. Armer Julian! arme Mutter des Julian! armer Onkel des Julian!

Ich habe diesen Unglücklichen eine lange Zeit gesehen. Er lebt noch jetzt, wenn ein ewiger Schrecken ein Leben zu nennen ist. Seine junge Vernunft hatte dem unerwarteten Anlauf der Raisonnemens des Marquis von Sade nicht Stand halten können. Diese einfache und naive Seele hat es sich nicht einreden wollen, daß ein Mensch zu solchen Erdichtungen fähig sei; sie hat die schandbaren Lügen für baare Münze genommen: auch ist das Kind plötzlich zum Manne gereift; seine liebliche Unwissenheit in allen Dingen ist gleich dem ersten Angriff unter der Wissenschaft des Marquis von Sade erlegen. Ich, der ich Julian während der beiden ersten Monate seiner Krankheit nicht verlassen habe, ich bin Zeuge seiner namenlosen Schrecken gewesen. Zwei Nächte Lesens waren hinreichend gewesen, diese so redliche Intelligenz von Grund aus zu vernichten. Er sah in der Natur nur noch Ungeheuer. Bei dem Anblick seines Onkels fragte er sich leise, ob er ihn nicht verschlingen werde; wie es all die Priester des Marquis von Sade mit den kleinen Kindern thun. An den, mit niedlichen Kieseln in tausend Farben bestreuten Ufern der Rhone spähte er nach den Leichen der Neugebornen die über Nacht dahin geworfen worden. Wenn irgend ein junges Mädchen in einer Kalesche rasch über die Straße fuhr, so rief der arme Julian nach Hülfe, fest überzeugt, das junge Mädchen sei ihren Eltern entführt worden, um in irgend eine der Höhlen des Lasters und der Gewaltthätigkeiten geworfen zu werden, die er seit seiner gräulichen Lektüre überall und auf jedem Schritte sah. Seit jenen beiden Nächten hatte Julian jede Vorstellung von einem Moralgesetz, das nicht ersterben kann, jede Vorstellung von einem politischen Gesetze, das durch das Zusammenwirken aller Bürger aufrecht erhalten wird, verloren. Er war, das Herz voran, in den Abgrund des Marquis von Sade hinabgestürzt; so viele unglaubliche Schrecknisse hatten ihn mit einem Worte in einen epileptischen Zustand, in den traurigen Traum des Geistes und des Wahnsinns versetzt, der einen Menschen im Winkel eines Marksteins, auf der Heerstraße, in den Armen seiner Mutter überfallen kann. Julian war ein junger, ewig verlorener Mensch.

Ich stehe davon ab, diese grausame Geschichte in allen ihren Einzelnheiten zu erzählen. Dies Kind, gesund geboren, wohlerzogen, von edler Sinnesart, ist jetzt mehr als wahnwitzig: es ist blödsinnig; sein Leben ist eine Furcht, die nie endet; überall sieht es nur Fallthüren, Folterwerkzeuge, Henker, Gift und Hinrichtungen. So lebt es schon zwölf Jahre. Seine Mutter ist darüber vor Gram gestorben; sein Onkel lebt noch jetzt; er lebt für seinen Neffen; aber wenn er ihn sprechen will, muß er erst sein Priestergewand ablegen. Selbst das Kruzifix ist aus dem Hause verschwunden; denn Julian fürchtete sich vor dem Kruzifix.

Erst einen Monat nach diesem furchtbaren und unerklärlichen Ereignisse entdeckte der unglückliche Pfarrer die Ursache davon.

Die Magd fand, als sie das Bett des Julian aufmachte, einen Band des Marquis von Sade, welchen Julian darin verborgen hatte. Sie brachte dies Buch ihrem Herrn; der würdige Mann that einen Blick hinein, hatte aber kaum einige Zeilen gelesen, als er einsah, daß, wenn er weiter ginge, es um seinen Verstand geschehen sei. Nun war ihm das Unglück des armen Kindes in seinem ganzen Umfange klar.

Dieser alte Pfarrer ist ein schlichter und guter Mann, großherzig und sehr streng gegen sich selbst, wie es alle diejenigen sind, die große Nachsicht für andere haben. Er erkannte sich demnach straffällig, daß er so das Gift verborgen gehabt, welches eine Seele nach dem Bilde Gottes getödtet. Das Erste, was er that, war, daß er sich seinem Neffen zu Füßen warf, ihn um Verzeihung bat, seine Barmherzigkeit anflehte: aber sein Neffe stößt ihn mit Abscheu zurück. Dann, den nächsten Sonntag, vor der Messe, als die Bewohner des Dorfes versammelt waren, nahm der alte Pfarrer seinen Platz vor dem Altar ein. Obwohl es der Tag eines heitern großen Festes war, hatte der Abbe Gabriel doch sein schwarzes Gewand für Todtenmessen angelegt, und hielt dann folgende Rede:

,,Brüder, Ihr wißt, welch ein Unglück dem armen Julian überkommen ist, den ihr so lieb gehabt. Gott hat ihm die Vernunft genommen; er weilt noch auf dieser Welt, aber er ist todt für das Gebet, er ist todt für die Liebe zu Seinesgleichen, er ist todt für alle sanften Gefühle des Lebens. Einige unter Euch haben, als sie gesehen, wie der Schaum ihm vor dem Munde gestanden, gesagt, er sei vom bösen Geiste besessen. O mein Gott! betet zu Gott, meine Brüder: ein schlechtes Buch ist es, das Julian zu Grunde gerichtet hat, ein Buch, das ihn im Innersten vergiftete. Aber was Ihr nicht wißt, was ich Euch sagen muß, meine Kinder, die Ihr vor den weißen Haaren Eures Pfarrers Achtung habt, was ich vor Dir, o Gott, bekenne, damit Du siehst, ob meine Zerknirschung so groß ist als mein Kummer, das ist, daß ich Unglücklicher es gewesen bin, der das schändliche Buch, welches alles versengt, das von ihm berührt wird, welches aller Herzen in Stein verwandelt, welches Julian um seinen Verstand gebracht hat, meinen kleinen Julian, so redlich und so sanft, so sehr geschaffen für die Tugend, beherbergte! Ha! ich kannte seinen Inhalt nicht: es war ein Beichtdepositum;

aber ich Unglücklicher, der ich es hätte vernichten sollen, ich habe das scheußliche Buch in mein Haus aufgenommen, und mein Haus ist nicht über mir eingebrochen, und des Himmels Blitze haben mich nicht erschlagen! Unerforschlich sind Deine Wege, o mein Gott! Du wolltest mich grausamer strafen: nun, Dein Wille geschehe, auf Erden, wie im Himmel!"

„Brüder, vereinigt Euer Gebet mit dem meinigen, erhebt Eure Hände gen Himmel. Wir wollen heute die Todtenmesse für Julian, mein Opfer, halten; und wenn Euch noch ein Gebet, noch einige Thränen übrig bleiben, so betet auch, o betet für Euren unglücklichen Pfarrer: er bedarf im hohen Grade des Mitleids hienieden und der Barmherzigkeit dort oben."

Diese sehr einfache Geschichte, die ich so wohlverwahrt in meiner Seele gehalten habe, wird über die Werke des Marquis von Sade eine bessere Ansicht geben, als es irgend Jemand auf der Welt möglich sein dürfte. Wie es gekommen ist, daß ich, nachdem ich dieser Geschichte Zeuge gewesen, dennoch dies Buch gelesen habe, das hatte, wie ich schon gesagt habe, darin seinen Grund, daß ich vor mir selbst mit meiner moralischen Kraft Parade machen wollte; denn das ist eben eine der größten Gefahren dieser scheußlichen Bände, daß es immer einen Vorwand giebt, sie in die Hand zu nehmen; man thut es in seiner Unschuld, oder aus Neugier, oder aus Muth, wie eine Art Selbstherausforderung. Was die betrifft, die sie mit Wohlgefallen lesen würden, denen kommen sie nicht zu Gesicht: die sitzen auf den Galeeren oder sind im Tollhause eingesperrt!

Aber ich habe die vollständige Geschichte dieses Menschen versprochen, und ich will sie geben. Ich habe schon gesagt, daß er eine junge, sanfte und schöne Person geheirathet hatte; aber bald hatte er während dieser Ehe seine ganze scheußliche Natur geoffenbart. Seine grausamen Gelüste hatten sich bald in tausend kleinen Mordversuchen, von gräulichen Umständen begleitet, kundgegeben. Anfangs wollte das Publikum, selbst seine Frau, selbst die Justiz jener Zeit nicht daran glauben; doch ward er, in Folge einer bloßen polizeilichen Maßregel, in's Exil geschickt. Im Exil vervollkommnete er sich nur noch in seiner Wissenschaft, er erweiterte seine Theorie, er überließ sich tausend Einbildungen, wovon die eine noch verderbter war, als die andere, kurz er vervollkommnete sich in allen schlechten Handlungen, aus allen schlechten Büchern von ganz Europa. Er studirte das Laster aus Prinzipien, vom Bekannten zum Unbekannten übergehend, und bei sonderbaren Problemen vom Leichtesten zum Schwersten. Mit der Hälfte Mühe, die er sich gegeben, um die verderblichsten Dinge zu erfinden, hätte der Marquis von Sade ein eben so großer Berechner als Monge, ein eben so großer Naturforscher als Cuvier werden können.

Es wäre übrigens ein Irrthum, wenn man glauben wollte, daß dieser Mensch der einzige gewesen wäre, welcher sich auf das scheußliche Studium des Lasters durch Mordthaten gelegt gehabt; schon das Alterthum hat mehrere Beispiele davon aufzuweisen: Nero bediente sich, um seine nächtlichen Orgien zu beleuchten, der Christen, die er lebendig verbrennen ließ, der Fackeln von Menschenfleisch, die ein ergötzliches Geheul ausstießen. Man erinnert sich der Ausschweifungen des famösen Marschall Retz, unter der Regierung Karls VII., der, nachdem er sich mit Ruhm und Muth geschlagen, sich eine ehrlose Berühmtheit durch die scheußlichsten Laster erwarb, indem er kleinen Kindern die Eingeweide und das Herz aus dem Leibe riß, um sie den höllischen Geistern als Opfer darzubringen; und dazu nahm er die schönsten, die ausgewähltesten Kinder, und selbst aus seiner eigenen Familie. Vierzehn Jahre lang besudelte der Marschall von Retz seine Schlösser von Machewal, von Chantonce, von Tiffurges, sein Hotel de la Saxe zu Nantes und alle die Orte, wo seine Leidenschaft ihn hinzog, mit unschuldigem Blute.

Und doch ist dieser Bösewicht in meinen Augen minder straffällig, als der Marquis von Sade! Der Marschall von Retz hat nur die Kinder umgebracht, die ihm in die Hände fielen; mit seinem Tode haben alle seine Verbrechen aufgehört; aber die Bücher des Marquis von Sade haben mehr Kinder getödtet, als zwanzig Marschälle von Retz hätten tödten können; sie tödteten deren tagtäglich, sie werden deren ferner tödten, und sie tödteten sowohl deren Seele als deren Leib; und der Marschall von Retz hat seine Missethaten mit seinem Leben gebüßt, er ist unter der Hand des Henkers gestorben, sein Körper ist den Flammen preisgegeben, dessen Asche dann in den Wind gestreut worden; welche Macht aber könnte all die Bücher des Marquis von Sade in's Feuer werfen? Das kann niemand ausführen, das sind Bücher und folglich Missethaten, die nie ein Ende nehmen.

Wer dem Marquis von Sade in's Innere seines Hauses folgen, sehen könnte, wie er an der Seite seiner jungen und hübschen Frau schweigsam und düster über seine großen Missethaten brütete und sich darauf vorbereitete, der könnte ein Drama von hoher Bedeutung schreiben. Ich glaube nicht, daß es je einen gräulicheren Gegenstand für philosophische Studien gegeben hat. Dennoch war über diesen Menschen noch nichts laut geworden, bis sich einst, am 3. April 1768, ein großer Rumor über den Marquis in Paris erhob und man erzählte, was folgt:

„Er besaß ein kleines Haus zu Arcueil, an einem abgelegenen Orte, mitten in einem großen Garten, unter dickbelaubten Bäumen. Dort überließ er sich am häufigsten seinen Ausschweifungen; das Haus war schweigsam und verborgen, mit doppelten Fensterladen nach Außen, und nach Innen verpolstert, also ganz zu Verbrechen eingerichtet. An diesem Abend nun, es war an einem Ostertage, hatte der Kammerdiener des Marquis von Sade, sein Gefährte, sein Complice, ein paar feile Dirnen von der Straße her in dies Haus gebracht. Der Marquis selber begegnete, als er sich zu seinem nächtlichen Feste nach Arcueil begab, einem armen Weibe, Namens Rose Keller, Wittwe eines Pastetenbäckers Valentin. Diese Frau war auf dem Heimwege nach Hause begriffen. So wie der Marquis ihrer ansichtig wird, redet er sie an und läßt sich in ein Gespräch mit ihr ein, verspricht ihr dann ein gutes Abendessen und ein Nachtlager. Verführt durch freundliches Reden, durch zärtliche Blicke, giebt sie dem Marquis den Arm, steigt mit ihm in einen Fiaker, und so kommen sie an vor einer niedrigen Thür. Rose weiß nicht, wo sie ist; aber was thut es, ihrer wartet ja ein gutes Abendessen!“

„Auf ein gegebenes Zeichen öffnet die kleine Gartenthür sich und verschließt sich wieder; der Marquis tritt mit seiner Begleiterin in's Haus. Das Haus war kaum erleuchtet und alles still darin. Rose wird unruhig, aber ihr Begleiter führt sie zur zweiten Etage hinauf; dort sieht sie einen gedeckten Tisch, an welchem die schon erwähnten Dirnen sitzen, das Haupt mit Blumen bekränzt und schon halb trunken. Von ihrem ersten Schrecken wieder zu sich gekommen, will Rose Keller sich zu ihnen setzen, da fallen der

Marquis und dessen Kammerdiener über die Unglückliche her, stecken ihr einen Knebel in den Mund, daß sie nicht schreien kann, und reißen ihr die Kleider vom Leibe. Dann werden ihr die Arme und Beine zusammen gebunden, und nun geißeln die beiden Henker sie mit starken Riemen, an welchen eiserne Spitzen befestigt sind, so lange, bis ihr ganzer Körper eine einzige Wunde ist. – Erst den andern Morgen, als die Kannibalen gänzlich trunken sind, gelingt es dem armen Weibe, sich aus ihren Banden zu befreien und, ganz nackend und ganz blutig, aus dem Fenster zu springen. Sie schwingt sich über die Gartenbefriedigung hinweg, sie fällt nieder auf die Straße, und bald entsteht da ein fürchterlicher Tumult: alles Volk läuft herbei, auch die Wache kommt hinzu; dann werden die Thüren des gräulichen Hauses erbrochen, wo man noch den Marquis und seinen Domestiken nebst den beiden Dirnen unter Wein und Blut sich wälzend vorfindet."

Dieser Vorfall machte großes Aufsehen; die ganze Stadt sprach davon. Dieser Epoche des eleganten und geistreichen Lasters gehörten nur die Verbrechen der guten Gesellschaft an. Duelle, Verrath, Entführungen ec., aber die Gesellschaft jener Zeit hatte Mühe, an eine so niederträchtige, so nutzlose, so grausame Unthat zu glauben. Dem Marquis von Sade ward in aller Eile der Prozeß gemacht; aber leider ward die Procedur, aus Rücksicht für die Familie, welcher der Strafbare angehörte, auf Befehl des Königs unterbrochen. Der Marquis ward nach Lyon, in das Gefängniß Pierre-Encise gebracht, welches nur noch eine Ruine ist, und wo dennoch mehr von dem Marquis als von dem Herrn de Thou oder vom Cinq-Mars gesprochen wird. Wer sollte es für möglich halten! sechs Wochen nach seiner Haft hatte die Familie des Marquis von Sade einen Begnadigungsbrief für ihn ausgewirkt. Dieser Begnadigungsbrief besagte im Wesentlichen, daß das Vergehen, dessen der Marquis von Sade sich schuldig gemacht habe, einer Art sei, welche die Gesetze nicht vorbedacht hätten, und das Ganze ein so scheußliches Bild, daß es bis auf die Erinnerung vertilgt werden müßte. – Ein schöner Vorwand, um dies Raubthier wieder loszulassen. Kaum wieder auf freien Füßen, kehrte der Marquis zu seinen Ausschweifungen und zu seinen Lastern zurück. In Folge einer gräulichen Orgie, die er im Jahr 1772 zu Marseille gehalten, verurtheilte das Parlement von Aix ihn und seinen Kammerdiener zum Tode; aber beide flüchteten sich nach Chambéri, wo sie auf sechs Monate auf die Festung kamen. Hier wäre es wohl am Orte, der Nutzlosigkeit und der Grausamkeit der Lettres de Cachet zu erwähnen. Bei der ersten Mordthat des Marquis von Sade kommt er mit sechs Wochen, bei der zweiten mit sechs Monaten Haft frei, während der unglückliche Latude sein ganzes Leben lang unter Schloß und Riegel bleibt, weil er die Frau von Pompadour insultirt hat! So richten sich die Gesellschaften unter einander zu Grunde; denn wenn sie den Unschuldigen einkerkern, haben sie nicht das Recht, die Bestrafung des Schuldigen zu verlangen.

Endlich ward der Marquis von Sade jedoch wegen seiner stets wiederholten Missethaten zu Vincennes festgesetzt. Er war dort so unglücklich, wie man es im Kerker von Vincennes sein kann. Von allem entblößt, ohne Wäsche, ohne Feuerung im Winter, ohne Bücher, ohne Möbeln, mußte er auch noch sein eigener Diener sein und sich sein Bett selbst machen; sein Essen ward ihm durch eine Oeffnung in der Thür zugeschoben. Seine arme Gattin, die ihm schon so oft geholfen hatte, brachte ihm auch diesmal Beistand; sie verschaffte ihm Kleidung, Bücher und, o verderbliche Gefälligkeit, der wir so viele teuflische Werke verdanken, auch Schreibmaterialien.

Bis dahin hatte der Marquis von Sade es bei der Ausübung des Lasters bewenden lassen, ohne auf dessen Theorie einzugehen; so wie ihm aber die Gelegenheit, in seiner Gefangenschaft schreiben zu können, geboten worden war, verfiel er darauf, seine Gedanken und seine Erinnerungen geordnet zu Papier zu bringen. Den Kopf erhitzt durch die Kasteiungen des Kerkers, verfolgt von den tollen Bildern einer verhaltenen Leidenschaft, beschloß der Elende, einmal den Versuch zu machen, wie weit die Ruchlosigkeit sich treiben lasse. Er setzte sich also hin und sinnet, und schreibt und ordnet seine Bücher. O Schicksal! während der Marquis seine Bücher schreibt, kommt Mirabeau in denselben Kerker zu sitzen, um fast ähnliche Bücher zu schreiben: und doch war Mirabeau empört darüber, daß man ihn in dasselbe Gefängniß gesetzt habe, in welchem der Marquis von Sade, der ihm ein Abscheu war, eingesperrt worden!

Aus dem Kerker von Vincennes ward der Marquis von Sade nach der Bastille geschafft. Es waren dies die letzten Tage der

Bastille. Das arme Gefängniß war brüchig, und krachte auf allen Seiten. Die Vorstadt St. Antoine umging das alte Monument und sah mit drohendem Blick und mit Groll im Herzen zu ihm hinauf. Zur nämlichen Zeit ließ sich von fern das erste Rollen vernehmen, welches die französische Revolution ankündigte. Frankreich ward von dem Wirbelwind der Leidenschaften und der Reformen ergriffen, der es so weit weg über so blutige Wege führen sollte. Der Marquis von Sade machte sich die Schwäche der Autorität zu Nutze, welche sich am Fuße des Thrones wie in der Kerkertiefe bemerkbar machte. Als dem Marquis einst die Erlaubniß, auf dem Söller des Gefängnisses spaziren zu gehn, genommen worden war, ergriff er, außer sich darüber, ein langes, blechernes und trichterförmiges Rohr von Weißblech, das als Wasserrinne für ihn bereitet worden war, und schrie durch dasselbe, sich seiner als Sprachrohr bedienend, auf die Straße: „Zu Hülfe! zu Hülfe! man will mich morden!“ Es entstand ein Auflauf, und das Volk bedrohte von fern die Bastille. Der Gouverneur, Herr von Launay, berichtete den Vorfall nach Versailles und erhielt von dort die Antwort: das Geschick des Gefangenen stehe ganz in seiner Hand und er könnte, wenn er das nöthig fände, selbst über sein Leben verfügen. Herr von Launay begnügte sich damit, ihn nach Charenton zu schicken. Endlich, am 17. März 1790, erschien das Dekret der konstituirten Versammlung, welches allen Gefangenen, die auf Lettres de Cachet festgesetzt worden, also auch dem Marquis von Sade, die Freiheit wiedergab. – Gebe Gott, daß er glücklich sei! sagte seine Schwiegermutter.

Es folgten die Jahre 1792 und 1793, die blutigen Reaktionen, die allmächtigen Diktatoren, Danton und Robespierre; alle öffentlichen Plätze füllten sich mit den rothen Maschinen, die von Morgens bis Abends im Gange waren. Nun glaubt man wohl, daß der Blutmensch, der Marquis von Sade, nach so vielen geschriebenen Mordthaten sich recht an dem Gemetzel ergötzen, sich am Fuße des Schaffots an all den Todesstrafen, an all den Thränen weiden werde. Aber da kennt man diesen Menschen nicht: die Henker von 1793 sind in seinen Augen nur jämmerliche Wichte! Er hat keinen Begriff von einem politischen Tode, ihn ekelt das Blut an, welches nicht zu seiner Lust vergossen wird. Und doch gab es unter den Opfern von 1793 viele junge und schöne Frauen, viele junge Leute von großen Hoffnungen und von großen Namen; es gab dort höchst bittere Thränen, und nie hat, wie ich glaube, ein Mensch dieses Charakters einem vollständigeren und reizenderen Feste von Morden und Leichenbegängnissen beigewohnt; aber dieser Mensch hatte, wie schon gesagt, in seinen Büchern so unmögliche Lebensstrafen kombinirt, so außerordentliche Todesarten geträumt, so grausame Qualen ausgedacht, daß ihm die Schreckenszeit nicht mundete. Er war nun im Gegentheil gut, menschlich, gnädig, edelmüthig. Auf die Reputation seiner Bücher hatte man ihn zum Sekretair der Pikengesellschaft gemacht; er benutzte seine Gewalt, um seinem Schwiegervater und seiner Schwiegermutter das Leben zu retten, welchen er, und dies mit so vielem Rechte, verhaßt war, und die seiner nicht geschont hatten. Kurz er trieb es in seinem Abscheu vor dem Blute so weit, daß er zu großer Mäßigung angeklagt, für verdächtigt erklärt und in den Madelonnetten gefangengesetzt wurde. Daß er nicht als Altadeliger den Tod auf dem Schaffot gefunden, verdankte er unstreitig der Achtung, die man seinem Genie zollte. Kurz, so lange man in Paris nur mit Massacren, mit Septembrisiren, mit Bürgerkrieg beschäftigt war, Könige auf's Schaffot brachte und ein verlassenes Königskind Miethlingen in die Hände gab, wünschte der Marquis von Sade die Schwächen, den Glanz, die Sorglosigkeit, den Geist, ja selbst die Bastille des alten Königthums wieder herbei.

Erst unter dem Direktorium, während dieses Halts von einem Tage in dem Koth des verschiedenen Königthums, fühlte der Marquis von Sade sich wieder etwas behaglicher. Seit lange hatte er ein elendes Leben geführt. Er machte, um zu leben, schlechte Komödien, in welchen er oft für einige Louisd'or eine Rolle übernahm, erborgte sich hier und da ein Stückchen Geld für seine Mätressen und vermehrte seine noch nicht herausgegebenen Bücher mit neuen Scheußlichkeiten. Als ihm die ganze Verderbtheit des Direktoriums, die ganze Gemeinheit dieser Macht ohne Gehalt und Tugend einleuchtete, da wagte der Marquis von Sade es, seine beiden Meisterwerke in den Druck zu geben. Es handelte sich nur noch darum, einen Uebernehmer zu finden. Es fanden sich deren drei, welche die Herausgabe gemeinschaftlich unternahmen, und die nicht zweifelten, daß ein solch Geschäft unter einem Barras schon gelingen müßte. Zwei dieser Männer waren Buchhändler, der dritte, der straffälligste unter diesen Dreien, war ein reicher Kapitalist. Das Buch ward vermittelst des Geldes dieses Letztern, dessen Namen wir verschweigen wollen, gedruckt und in dem Katalog der beiden Buchhändler mit aufgeführt. Der Verfasser und die beiden Buchhändler hatten die rührende Aufmerksamkeit, fünf Exemplare besonders, auf schönem Velinpapier, für die fünf Direktoren, abziehen zu lassen. Ja, man wagte es, diese zehn Bände den Männern zuzuschicken, welchen die Regierung Frankreichs übertragen worden war; und statt ein solches Verfahren für die bitterste Ironie zu nehmen und es als eine blutige Insultirung zu ahnden, ließen diese Männer dem Verfasser danken und ihn bekomplimentiren. Unter einem solchen Patronat wurde das Buch nun öffentlich verkauft. Es kaufte dasselbe, wer Lust hatte, und aus der gesammten täglichen Presse fand sich auch nicht Einer, der den Muth gehabt hätte, dies Produkt zu brandmarken, wie es das verdiente.

Während dem brachte Bonaparte, von Aegypten zurückgekehrt, in seinem Kopfe die Ideen von Ordnung und Autorität zurück, ohne welche Frankreich ganz und gar verloren gegangen wäre; Bonaparte, der Heros, der Sieger, die Macht, der große Gedanke unsers Jahrhunderts; Bonaparte, der zärtliche Gatte Josephinens, mäßig, ernst, wachsam, schon sinnend über den Civilcodex und die Eroberung der Welt. Man denke sich sein Erstaunen, seinen Ekel, als er bei seinem Zuhausekommen die beiden Werke des Marquis von Sade, gebunden und mit goldenem Schnitt, mit der Ueberschrift: Ehrfurchtsvoll von dem Verfasser, vorfindet. Der Marquis von Sade hatte den General Bonaparte als ein Mitglied des Direktoriums behandelt. Als Bonaparte erster Konsul geworden war, fand er dieselben Bücher, die er noch nicht vergessen hatte, noch einmal vor. Eines Tages, als er im Staatsrathe präsidirte, sah er unter seinem Portefeuille ein zweites Exemplar, dem ersteren gleich, liegen: er ließ es wegnehmen und in's Feuer werfen. Am andern und an den folgenden Tagen hatte dieselbe unbekannte Hand dasselbe Werk auf denselben Platz gelegt, und jedesmal erblaßte der erste Konsul vor Abscheu bei jedem neuen Exemplar, daß er verbrennen ließ. Endlich hörte man auf, diese vergeblichen Insulte zu wiederholen; aber der Kaiser mußte sich schon der Beleidigung erinnern, die dem ersten Konsul widerfahren war.

Und in der That war er kaum Kaiser geworden, als er eigenhändig dem Polizeipräfekten den Befehl zusandte, einen gewissen Sade als unheilbaren und gefährlichen Tollhäusler in's Narrenhaus von Charenton einzusperren. Gleich nach erhaltenem Befehl begab sich nun die Polizei nach der Wohnung des Marquis. Er befand sich in einem Kabinette, in welchem er die scheußlichsten Scenen seines scheußlichen Romans hatte malen lassen, und sein ganzes Haus war in demselben Sinne möblirt. In einem abgelegenen Gemache befanden sich zwei Ausgaben seiner Werke mit hundert Abbildungen ausgestattet. Unter seinen Papieren fand man eine Unzahl von Mährchen, Beschreibungen, Romanen, Dialogen und andern Schriften, eins noch schmutziger als das andere. Er ward sodann, ehe man ihn nach Bicetre brachte, nach demselben Gefängniß in Charenton geführt, das er vor dreizehn Jahren verlassen hatte.

Einmal Gefangener des Kaisers hieß für immer Gefangener sein. Der Marquis von Sade hatte seine Gruft betreten. Dort hat der Elende die vierzehn Jahre, welche er noch gelebt, seinem scheußlichen Gelüste noch gefröhnt, so weit ihm dieses möglich war. Nichts hat ihn bessern können, nicht Abgeschlossenheit, nicht Hunger, nicht das Alter, die ernsteste Mahnung, welcher sich auch die Verstocktesten fügen. Wenn Jemand zu ihm kam, so war gleich sein erstes Wort eine Zweideutigkeit, und alles dieses mit einer sehr sanften Stimme, bei schönem weißen Haar, mit der lieblichsten Miene, mit einer bewunderungswürdigen Höflichkeit; wenn man ihn ansah, ohne auf seine Reden zu hören, hätte man ihn für einen ehrenwerthen Großvater irgend eines alten Hauses halten mögen, der seine Enkel erwartete, um sie in seine Arme zu schließen. So war das Räthsel beschaffen, welches alle Intelligenzen seiner Zeit beschäftiget hat, und das keine zu lösen im Stande war.

An das Leben in der Gefangenschaft gewöhnt, und wohl wissend, daß er mit des Kaisers Willen da sei, richtete der Marquis von Sade sich bestens in der unermeßlichen Welt des Wahnsinns und der Verbrechen ein, die man Bicetre nennt. Jeder Tag bot ihm eine neue Zerstreuung dar. Bald war er zugegen, wenn eine Kette Galeerensclaven abgeführt ward, deren Mitglieder ihm als einem alten Bekannten Lebewohl sagten; bald sah er einen zum Tode Verurtheilten bei sich eintreten, der diese Mauern nur mit dem Schaffot vertauschen sollte, und dieser Verurtheilte blickte dann mit Lust zu ihm auf, als wollte er sich in der Vorstellung bestärken, daß wir keine unsterbliche Seele haben. Er fühlte sich in diesem Gefängnisse wie ein freier Mensch; er war der Weise unter den Narren, der Unschuldige unter den Verbrechern, der Geistreiche unter den Blödsinnigen. Er war die Seele dieser Welt für sich; er war ihr Dämon; man betete ihn an, man hörte auf ihn, man glaubte an ihn. Wer nicht so glücklich war, ihm nahe zu kommen, der blickte von fern zu ihm hinüber. Unter all diesen großen Straffälligen, all diesen großen Verbrechern und all diesen großen Banditen, von welchen (nach dem kaiserlichen Styl) die hundert Stimmen der Fama zu erzählen wissen, war der Marquis von Sade stets der erste, den man sehen, den man hören wollte; er war ein Phänomen unter all diesen Phänomenen. Dies alte Gefängniß Bicetre, unter der Wucht des Verbrechens ganz zusammengedrückt, war stolz auf seinen Marquis von Sade, wie die Gallerie des Louvre stolz auf seinen Rubens ist.

Zuweilen – denn nachdem er hart behandelt worden, ließ man ihm die größte Freiheit im Bicetre – verfertigte der Marquis von Sade eine Komödie; wenn sie fertig war, führte er auf dem Hofe ein Theater auf, und die Akteurs suchte er sich unter den Verrückten des Hauses aus. Er ließ diese dann zusammenkommen, um die Rollen unter sie zu vertheilen; bald waren die Rollen gelernt, und das Stück des Marquis von Sade kam zur Aufführung. Alle die armen Verrückten leisteten Wunderbares, und auch der Marquis führte die Rolle, welche er selbst übernommen hatte, auf's Beste aus. Das Fest endigte gewöhnlich mit Couplets, die er zu Ehren der anwesenden Damen und des Direktors des Gefängnisses, eines vormaligen Abbe's Goulmier, sang. Dieser Abbe war der Protektor und sogar der Freund des Marquis von Sade geworden.

Ich gestehe, daß es für einen Jeden, der nur irgend einigen Beobachtungsgeist hatte, ein merkwürdiges Schauspiel gewesen sein muß, so eine Komödie von dem Autor so vieler ehrloser Handlungen, im Hofe von Bicetre durch Verrückte aufgeführt, und den Marquis von Sade mit einem ganz literarischen Stolze den Applaus der Galeerensclaven, seiner Haftgefährten, empfangen zu sehen!

Am 2. December 1814 ist er endlich eines ruhigen und sanften Todes gestorben, fast ohne einmal krank gewesen zu sein. Den Tag zuvor hatte er seine Papiere in Ordnung gebracht. Er war damals fünf und siebenzig Jahre alt, und ein robuster Greis, ohne alle Gebrechlichkeiten. Kaum war er verschieden, als die sämmtlichen Jünger Gall's sich um seinen Schädel rissen, als eine kostbare Beute, die ihnen das Geheimniß der sonderbarsten menschlichen Organisation geben sollte, wovon man je gehört. Dieser Schädel aber war, als er entblößt worden, wie alle anderen Schädel von alten Leuten: ein sonderbares Gemisch von Lastern und von Tugenden, von Wohlthätigkeitssinn und von Verbrechen, von Haß und von Liebe. Dieser Kopf, den ich vor mir liegen habe, ist klein, wohlgeformt; man könnte ihn auf den ersten Blick für einen Frauenkopf halten, um so mehr, als die Organe der mütterlichen Zärtlichkeit und der Kinderliebe darauf so vorspringend sind, als selbst auf Heloisens Kopf, diesem Muster von Zärtlichkeit und Liebe.

**Titelbild zu einem Buche von Marquis de Sade aus dem Jahre 1829**
*Die untere Zeichnung zeigt ihn in der Gefängniszelle beim Schreiben seiner Werke*

# Anschuldigungen in deutscher Sprache aus den Jahren 1803–1850

# L. F. Huber: Das Fräulein von Florville (1803/1804)

In einer Sammlung, die den Titel führt:

*Verbrechen der Liebe, eine Reihe heroisch-tragischer Gemählde, aus dem Englischen,*

findet sich eine Erzählung, deren Sujet einen Platz in diesem Vademekum wohl verdient. Eine Demoiselle de Florville bekommt darinn von ihrem Bruder, unbekannter Weise, ein Kind, ersticht ihren Sohn (eben dieses Kind), der sie, unbekannter Weise, entehren will, bringt ihre Mutter, unbekannter Weise, durch ihr Zeugniß, auf das Blutgerüst, heirathet, unbekannter Weise, ihren Vater; wie sie von diesem guter Hoffnung ist, wird sie von allen den kleinen Unannehmlichkeiten und Mißverständnissen haarklein unterrichtet, und schießt sich eine Kugel vor den Kopf. – Was ist der Oedipus des Alterthums gegen dieses höchst moderne Fräulein von Florville! Und sollte sie, wie jener die tragischen Dichter Griechenlands, nicht den trefflichen Jüngling zu begeistern würdig seyn, dem wir bereits eine so unnachahmliche Travestirung des Fatums der griechischen Tragödie verdanken?

# L. F. Huber: Ueber ein merkwürdiges Buch (um 1804)

*Justine, ou les malheurs de la vertu:* das ist der Titel eines Buches, dessen Existenz, so viel wir wissen, in Deutschland wenig oder gar nicht bekannt ist, und das durch seinen Innhalt, durch den Succeß, den es in Frankreich gehabt hat, durch den Zeitpunkt, in welchem es herauskam, zu den merkwürdigsten Erscheinungen unsers Jahrhunderts gehört.

Die erste von den zahlreichen Auflagen dieses Buches ist vom Jahr 1791. Es enthält unter dem Gewande der Fiktion einen vollständigen theoretischen und Experimentalkursus des Atheismus, der Immoralität, und des Verbrechens. Aber die trockne Anzeige, die wir mit diesen wenigen Worten von dem Gegenstand dieser Schrift machen, ist noch sehr entfernt, einen Begrif von deren Geiste zu geben. Wir sind überzeugt, daß *Justinens* Existenz eine von den Thatsachen ist, ohne deren Kenntniß die philosophische Beurtheilung der Revolutionsgeschichte nicht anders als unvollständig ausfallen kann; und diese Ueberzeugung bewegt uns, bei einem Gegenstand zu verweilen, der, indem er Imagination, Gefühl und Sinnlichkeit auf die grausamste Folter spannt, zugleich die Vernunft betäubt, und – wir wagen es zu behaupten – den stärksten Denker auf einen Augenblick verwirren kann.

Die Fiktion ist äußerst locker gehalten; auf Wahrscheinlichkeit ist darinn gänzlich Verzicht gethan, und die Wahrscheinlichkeit würde auch in dieser Schrift, wenn Unwillen und Eckel die Möglichkeit zuliessen, sie als Kunstwerk zu betrachten, eben so wenig zu vermissen seyn, als etwa im *Candide,* weil die Handlung blos dazu dient, eine Menge Züge und Ideen, die alle einerlei Tendenz haben, an einander reihen zu können. Ein zäheres Leben und unverwüstlichere Reize als Justine, die unglückliche Tugendhafte, hat nie eine Romanenheldin gehabt: daher ist sie aber auch zum fürchterlichen Beweis des durchgängigen Sieges bestimmt, welchen des Verfassers System, nach metaphysischen, moralischen und physischen Gründen, dem Rechte des Stärkern, in seiner weitesten und gräßlichsten Bedeutung, in dem ganzen Umfang, den es durch die rasendsten und grausamsten Lüste bekommen kann, verheißt.

Der leidenschaftliche, dogmatische Atheismus und Antichristianismus, welcher das mehr oder weniger geheime Bundswort der encyklopädischen Sekte in Frankreich war, macht die Grundlage dieses Werkes; zugleich führt es mit satanischer Kühnheit die äußersten moralischen Konsequenzen jenes Systems zur Rechtfertigung aller Laster und Verbrechen aus, und schildert diese mit solchen Details, welche nicht der Unschuld allein, sondern selbst im alltäglichen Lauf gemeiner Verderbniß, so unmöglich als gräßlich scheinen müssen. Wir glauben, wir hoffen, daß schwerlich ein einziger deutscher Leser im Stande ist, sich einen deutlichen Begrif von den sogenannten grausamen Vergnügungen *(plaisirs cruels)* zu machen, deren tausendfache Veränderungen in diesem Buch beschrieben sind. Man kennt den traurigen Ueberfluß der französischen Literatur an obscönen Schriften; nun denke man sich den ganzen Unflath, den die Muse der Bordelle ihren Geweihten je inspiriren mochte, in Verbindung mit allen Raffinements der blutdürstigsten Grausamkeit, die jemals in einer Folterkammer erfunden und ausgeübt werden konnten: und man wird ein schwaches Bild von *Justine* haben.

In *Justine* sind alle plump schmutzigen Ausdrücke sorgfältig vermieden und umschrieben; eine kurze Vorrede, eine Zueignung *â ma bonne amie,* krönt das namenlose Verbrechen, dieß Buch geschrieben zu haben, durch die ironische Aufstellung eines sentimentalisch-moralischen Zweckes. Doch ist seitdem eine andre Schrift, unter dem Titel: *la philosophie dans le boudoir* herausgegeben, und als ein nachgelassenes Werk vom Verfasser der *Justine* angekündigt worden, welche ganz in demselben Geiste verfaßt, den dünnen Schleier der Umschreibungen abgeworfen, und in einer Zueignung *aux libertins* jene freche Ironie gegen eine nicht minder schauderhafte Einladung zur Ausübung aller Verbrechen vertauscht hat. Ob diese beiden Schriften würklich von einem und demselben Verfasser sind, kann bei ihrer vollkommnen innern Uebereinstimmung sehr gleichgültig seyn; wir wollen sie daher in dieser Anzeige weiter nicht trennen, und zur Ehre der Menschheit diese Geburten der scheußlichsten Verderbniß wenigstens nur einem Vater zutrauen.

Wie weit Verkehrtheit und Bosheit einzelne Menschen führen können, davon geben uns Tollhäuser, Kriminalakten, und mehrere

Stellen der Weltgeschichte, nur zu sichere Beweise. In so fern also wäre das dürre Faktum, daß *Justine* geschrieben worden ist, blos zu so manchen andern Monstruositäten der Menschengattung zu rechnen. Allein *Justine* ist in Frankreich verschlungen worden, *Justine* ist eine Modelektüre in Paris gewesen, und hat als eine solche den entschiedensten, durch viele Auflagen erwiesenen, literarischen Succeß gehabt. Diese Umstände zwingen den Gedanken wieder auf, den man sich gern selbst verhehlen wollte, den trostlosen Gedanken, daß der Stoff zu den abscheulichen Ideen und Gemählden dieser Bücher mehr noch in der Nation und im Zeitalter, als in der beklagenswürdigen Phantasie ihres Verfassers vorhanden war. Diese Umstände bewähren die schwere unnachläßliche Schuld der alten französischen Verfassung, aber indem sie zugleich an der Revolution, welche aus der Auflösung jener Maschine entsprang, verzweifeln machen.

Ja! Wie schon so manches Buch, nach den übereinstimmenden Zeugnissen der Feinde sowohl als der Freunde der Aufklärung, in verschiednen Zeitpunkten der Geschichte von dem wichtigsten politischen Einfluß gewesen ist; wie die *Satyre Ménipée* der Ligue den Garaus gemacht, wie *Hippolitus a Lapide* die österreichische Universalmonarchie aufgehalten hat, wie in der großen Gährung unserer Zeiten Burke und Payne einander entgegen, Sieves und Kant ohne wechselseitige Abrede zusammen gewürkt haben: eben so möchte dem Verfasser der *Justine* wohl der unsterbliche Ruhm gebühren, bei dem Chaos von Schlamm und Blut, welches die Aufklärung, die Freiheit, das Glück, nicht Frankreichs allein, sondern des ganzen Menschengeschlechts, zu verschlingen drohte, einen nicht unbeträchtlichen Antheil gehabt zu haben.

Eckel und Abscheu haben dieses Produkt nicht der Hölle, der es angehörte, zurückgegeben; das lesende Publikum in Frankreich hat es vielmehr begierig aufgenommen – dieß ist eine unzweifelhafte Thatsache, und es fragt sich blos, welches der Grund derselben war, welche Würkung sie haben mußte?

Man nehme die äußerste Verderbniß der Sitten, die letzte Entartung der Sinnlichkeit, die mit höchster Verkehrtheit des Kopfes verbunden, das Kühne, Fürchterliche, Unerhörte, in der moralischen und physischen Welt zugleich, als willkommnen Reiz empfängt; man nehme eine große politische Revolution, die großen- -

theils durch die Allgemeinheit jenes Zustandes entstanden, die Bande der Furcht, des Strebens nach Sicherheit, welche die Gesellschaft zusammenhalten, zerreißt, und den Eigennutz, den Egoismus vereinzelt, aus den konventionellen Schranken, in die er sich selbst gebannt hatte, herauswirft, und wild und gränzenlos umherzuschweifen nöthigt; man nehme die Grausamkeit im Gefolge des politischen Fanatismus mehrerer streitender Parteien; man nehme in den höhern Ständen die ausschweifende Wuth der im gewöhnlichen Kreis der Wollust erschöpften Sinnlichkeit, die ebenfalls unaufhaltsame Thätigkeit eines kultivirten Verstandes bei einem verderbten Herzen, die Nothwendigkeit des Mordes, des Blutdurstes, zur Wiederherstellung ihres gestürzten Ansehens; man nehme in den untern Klassen, bei brutalen Kräften, die aufgeregte Sehnsucht nach eben solchen Genüssen, eben solchen Lastern und Verbrechen, zu denen vorher nur Rang und Geburt berechtigten: dann ist die Erscheinung, die Aufnahme, und der Einfluß solcher Bücher in dem revolutionairen Frankreich, gewiß kein unerklärliches Phänomen mehr.

Diese Bücher machen demnach wesentlich Ein Ganzes mit allen Greueln der Revolution und Gegenrevolution, mit den Septemberthaten, mit den Märschen der revolutionairen Armee, mit den Guillotinenfurien, mit den Priestern, Seigneurs und vornehmen Damen, welche in der Vendee sich an den langsamen Todesmarder republikanischer Gefangenen weideten, mit ihren würdigen Nebenbuhlern, den Schergen Carriers und seiner Gesellen.

Ohne Zweifel bestand indessen der gröste Theil der Leser dieser Bücher nicht aus solchen Menschen, welche die erforderlichen Anlagen hatten, zur thätlichen Anwendung der darinn enthaltenen Lehren zu schreiten, sondern vielmehr aus dem müßigen, bequemen, nicht guten und nicht bösen Mittelschlag, für welchen eigentlich Modelektüren existiren. Diese Leute konnten nicht für den Antrieb, der *Justinen* zur Modelektüre gemacht hatte, aber sie folgten ihm. Ehrlichkeit, oder feine Lebensart, oder Liebe zur Ruhe, oder Anhänglichkeit für hergebrachte Einrichtungen, nahm sie gegen die furchtbaren Begebenheiten ein, welche zu gleicher Zeit vorfielen, und in deren Strudel sie sich wider Willen geworfen fanden. In jenen Schriften fanden sie zum Theil Ideen wieder, die bei der guten Gesellschaft, bei dem aufgeklärten Theil der Nation, zu welchem auch sie gehörten, gäng und gäbe gewesen waren, und in anerkanntem Zusammenhang mit dem Ausbruch der Revolution gestanden hatten. Aber sie fanden sie mit allen Konsequenzen wieder, welche dem dogmatisirenden Unglauben zu Gebot stehen, wenn es ihm beliebt, das baufällige Gerüst der gewöhnlichen Moralsysteme zusammenzubrechen; und zugleich sahen sie diese Konsequenzen durch den Fortgang der Revolution verwürklicht. Bald wurden sie zu Tausenden von einem oder dem andern Praktiker jener Lehre beherrscht, verfolgt, eingekerkert, guillotinirt. Wie endlich das Schreckensreich, ohne ihr Zuthun, in sich selbst zusammenfiel, blieb bei ihnen Abscheu gegen die Neuerungen und Bewegungen, die es herbeigebracht hatten, und Gleichgültigkeit gegen die Verstandesideen, die jenen vorausgegangen waren, zurück: man konnte sich nicht mehr an Vorurtheile fesseln, von denen man einmal befreit gewesen war, aber man hatte die Freude an der Entfesselung, den Genuß der Freiheit verloren; und so entstand im französischen Publikum, in dem nämlichen Publikum, das sich der Begeisterung des Jahres 1789 hingegeben hatte, eine Stimmung, in welcher es, ohne den Altar und den Thron zu lieben noch zu ehren, Alles was an deren Stelle gekommen war, und noch kommen konnte, mit Verachtung, Kälte, oder Haß ansah, eine Stimmung, in welcher die Gegenrevolution gemacht wäre, wenn die materiellen und allzu augenscheinlichen Nachtheile der Gegenrevolution ihre natürliche Unthätigkeit nicht unterhielten, wenn sich die Gegenrevolution von selbst machen könnte, und nicht vielmehr eine neue ungeheure Revolution seyn müßte. Diese Stimmung ist jetzt die herrschende in Frankreich; sie bildete die öffentliche Meinung, welche, fast ohne es zu wissen noch zu wollen, die feinen Komplotte des letzten Vendemiaire begünstigte; sie thut nichts für die Republik, sie scheint aber, klug behandelt, leicht abgehalten zu werden, daß sie etwas gegen sie thue, leicht dahin gebracht zu werden, daß sie Vieles für sie thun lasse; sie ist bei einer geistreichen lebhaften Nation nicht schwer zu beschäfftigen, und vielleicht durch freie Beschäfftigung vollends zu entwaffnen.

Die Revolution hatte also würklich, durch die abscheulichen Episoden, welche die große Handlung der Aufklärung und der Freiheit unterbrachen oder verwickelten, einen Weg genommen, der sie fast unfehlbar zurück an das Ziel der Gegenrevolution zu führen schien. Wir wollen das Princip, durch welches sie in ihrer eigenen Bahn erhalten wird, und alle Abwege, auf die sie geräth, endlich doch in diese Bahn schließt, hier nicht zergliedern. Man ist nichts desto weniger versucht, in dem Gang der wüthenden Faktionen während der Revolution, und in der Richtung, die ihre Ausschweifungen der Stimmung des Publikums gegeben haben, kluge Berechnungen, tief angelegte und weit umfassende Pläne zu ahnen. Der Zufall, das heißt die natürliche, von keinem menschlichen Verstand zu bestimmende, Folgenreihe menschlicher Handlungen, hat freilich das Meiste dabei gethan; allein es möchte keine allzugewagte Hypothese seyn, daß alles, was in dieser Folgenreihe einem vermeinten politischen Interesse zuschlagen konnte, auch in Beziehung auf dieses Interesse ergriffen, benutzt, verfolgt wurde. Wenn demnach die Frage entstünde, ob *Justine* für eine Ausgeburt des revolutionairen oder des gegenrevolutionairen Geistes anzusehen wäre, und wofern irgend eine Propaganda dabei die Hände im Spiel gehabt hätte, welcher Propaganda es am ersten zugetraut werden könnte: so möchte die Regel, *is fecit cui prodest,* in ihrer Masse die richtigste Beantwortung angeben. Es mußte unter den Menschen, welche die Revolution zu fürchten, oder zu feindseligen Absichten zu benutzen, oder sich an ihr zu rächen hatten, ein herrschender Gedanke seyn, daß sie nicht besser rückgängig gemacht werden konnte, als wenn ihr einzig vernünftiges Ziel, gesetzliche Freiheit, unmöglich würde. Dieß schien bewürkt zu werden, wenn Freiheit und Gleichheit im Reich des Uebels eingeführt wurden; und dazu trugen Schriften von *Justinens* Inhalt nicht wenig bei. Aber die Versunkenheit des Zeitalters, welches solche Schriften gebähren und aufnehmen konnte, war freilich das Werk keines Menschen, keines Kabinetts, keiner politischen Partei. Menschen, Kabinette, Parteien schaffen die verderblichen Leidenschaften und Triebe nicht, welche die Elemente zu ihren Kombinationen abgeben; sie sind selbst deren Spiel, indem ein gefährlicher Dünkel sie überredet, daß sie damit spielen können.

Der Verfasser *Justinens* ist zur Zeit noch unbekannt. Wir haben einen Mann von Stand als solchen nennen gehört, aber ohne allen Beweis, als bloße Tradition, die wir daher nicht wiederholen wollen. Indessen fehlt es nicht an inneren Beweisen, die sich auf den

Styl und auf die Manier gründen, und die literarische Kritik zu der Muthmassung berechtigen, daß *Justine* die Arbeit eines Mannes von Stand aus der alten Verfassung, und keines Schriftstellers von Profession ist.

In der *Philosophie dans le boudoir* ist ein Aufsatz eingerückt, der unter dem Titel: *Français encore un effort si vous voulez être Républicains!* dss System allgemeiner Zerstörung durch Loslassung aller Verbrechen predigt. Der scheinbar gründliche Ernst, mit welchem diese fürchterliche Ironie ausgeführt ist, macht sie für Menschen, deren Verstand und Empfindung so beschaffen sind, daß sie sich in dem ungeheuren Gewebe von Sophismen verirren können, zu einem wahren zweischneidigen Schwerdt: so daß, indem der Royalismus gegen die Stiftung einer Republik in Frankreich nichts Bitteres vorbringen konnte[1], doch zugleich die politischen Grundsätze einiger Republikenstifter, die treuesten Ueberzeugungen der berühmtesten Häupter des Berges, mit kraftvoller Wärme hier niedergezeichnet stehen. Wir glauben sogar, in den Ideen und der Manier von Saint-Justs Reden eine materielle Analogie mit Justi-

1 Um eine schwache Probe von dem Geiste dieser Schriften zu geben, wollen wir uns überwinden, eine Stelle aus dem oben erwähnten Aufsatz mitzutheilen. Nachdem der Verfasser, nicht ohne Beredsamkeit und Schwung, eine Apologie des Mordes auf allgemeine Naturgesetze zu gründen gesucht, und sich vorzüglich bestrebt hat, dem Begrif der Zerstörung alle sittliche Geltung zu benehmen, geht er zu der speciellern Frage über: wie in einem kriegerischen und republikanischen Staat der Mord anzusehen sey? – „Es würde", sagt er, „äußerst gefährlich seyn, eine Mißgunst auf diese Handlung zu werfen, oder sie zu bestrafen; der Stolz des Republikaners fordert etwas Wildheit; wenn er weich wird, verliert er seine Kraft, und wird bald unterjocht. Eine sehr sonderbare Bemerkung bietet sich hier dar; sie ist eben so wahr als kühn, und ich will sie nicht verschweigen. Eine Nation, die mit republikanischer Verfassung anfängt, wird sich nur durch Tugenden erhalten, weil man nur vom Geringeren zum Höheren fortschreitet. Aber eine schon veraltete, verdorbene Nation, welche das Joch ihrer monarchischen Regierung muthig abschüttelt, um eine republikanische anzunehmen, wird sich nur durch viele Verbrechen aufrecht halten, denn sie ist schon ein Verbrechen, und wenn sie vom Verbrechen zur Tugend übergehen wollte, das heißt so viel als von einem gewaltsamen Zustand zu einem sanften, so würde sie in eine Trägheit verfallen, deren Resultat bald ihr unfehlbarer Untergang seyn würde. Was würde aus einem Baum, den Ihr von einem kräftigen Boden auf eine sandige, trockne Ebene verpflanztet? Alle Verstandesbegriffe sind der physischen Welt so untergeordnet, daß die Vergleichungen, die wir vom Ackerbau hernehmen, uns selten in der Moral irre führen werden."

nens Schule bemerkt zu haben, und wir sind darum nicht genöthigt, unsre Zuflucht zu der Hypothese zu nehmen, nach welcher die französischen Decemvirs, großentheils mit ihrem eignen Bewußtseyn, würkliche Agenten des Royalismus gewesen seyn sollen: vielmehr finden wir in der Geschichte schon ein ähnliches Beispiel, das uns eine natürlichere Erklärung dieser Sonderbarkeit an die Hand giebt. Dieß Beispiel ist Machiavels Buch vom Fürsten: es ertheilte in eben dem ironischen Sinn Lehren fürstlicher Politik, wie unser französischer Schriftsteller Grundsätze des Republikanismus predigt; und doch war es das Handbuch der Fürsten und der Höfe eines ganzen Jahrhunderts, doch war die machiavelische Politik zur Zeit Katharinens von Medicis, und ihrer Zöglinge, die den französischen Thron besetzten, kein bloßer Name, den man anspielungsweise gewissen Ränken und Freveln beilegte, sondern sie war ausdrücklich an ihrer Quelle, der Schrift Machiavels, geschöpft, und von ihren erhabenen Proselyten so offenbar bekannt, daß sie die Worte dieses Mannes gern im Munde führten.

Nähere historische Aufschlüsse über diese Bücher, über ihre Verfasser, über die Mittel, durch welche sie etwa verbreitet wurden, sind erst von der Zukunft zu erwarten. Es wäre kein Wunder, wenn diese Aufschlüsse alsdann mit auf eine Partei hindeuteten, die überhaupt mit der gegenrevolutionairen wetteiferte, das böse Princip der Revolution zu nähren, wenn es sich fände, daß *Justine* dem geheimen Kabinet des Herzogs von Orleans nicht fremd gewesen wäre.

H.

## Anonym: Comoedia Divina (Auszug; 1808)

### Jupiter zum Merkur.

[. . .] Was steht denn da auf dem Schilde über der Thüre des alten Hauses? meine Augen sind etwas schwach.

### Merkur.

Herr Novalis Octavianus Hornwunder bietet seine Dienste an in allen Arten von Schriftstellerei.

### Jupiter.

Das Genie müssen wir doch kennen lernen.

*Dachstübchen mit einem großen alten Tisch und einigen zerbrochenen Stühlen. Herr Novalis Octavianus Hornwunder sitzt auf einem hölzernen Bock, und flickt seinen Ueberrock.*

Jupiter und Merkur treten herein.

### Hornwunder.

Ah – verzeihen Sie, meine Herrn! *(Er springt herab.)*

### Jupiter.

Nur fortgemacht, guter Freund! Ein Loch im Ermel macht doch immer einen Riß im Ansehen eines Gelehrten.

### Hornwunder.

Es mag so gut seyn. Ein Schriftsteller hat nicht Zeit, sich viel mit Kleinigkeiten abzugeben. Das Leben ist lang und das Honorar kurz.

### Merkur.

Was haben Sie denn da für einen sonderbaren Sitz?

### Hornwunder.

Es ist das Pferd für Hypochondristen, von dem Lebensverlängerer Hufeland erfunden. Ich kann es Ihnen bestens anempfehlen, wenn Sie vielleicht im Unterleib incommodirt seyn sollten. Das Thier ist geduldig, wie der Pegasus, und wenn bei Ihnen die Kopfsteuer eingeführt ist, so dürfen Sie's nur, nach dem Muster des meinigen, ohne Kopf machen lassen. – Doch – ich habe die Herrn noch nicht einmal gefragt, wes Standes und Namens? Aber gewiß ein Paar neue Gevatterleute! ja, ja, die Herrn Buchhändler sind der wahre Talg des schriftstellerischen Lebenslichts; ohne sie wärs längst ausgeschneuzt wie eine Sternputze. Sie haben ohne Zweifel einige Büchertitel in Petto? Ich mache die Kinder, der Name mag heißen wie er will; ja, ja, ich mache sie.

**Merkur.**

*(Einige Hefte Papier vom Tisch nehmend.)* Hier giebts ja schon Vorrath! *(liest:)* Ankündigung einer Zeitung für Bettler. – Von der Heiligkeit des Wahnsinnes. – Ueber den Zusammenhang der Mystik mit dem Geschlechtstrieb. – Ueber die Rindviehseuche, mit einem Anhange über den idealischen Atheismus, und einigen alten Volksliedern als Zugabe.

**Hornwunder.**

Es sind nur Andeutungen, bloße Keime, welche auf Befruchtung zur Entwicklung warten. Sie dürfen nur befehlen, meine Herrn, was ich für Sie ausführen soll, auch hängt es von Ihnen ab, ob es eine Flugschrift werden soll, oder ein stehendes Werk, etwa von sechs bis acht groß Octavbänden. Am liebsten möcht ich einmahl etwas in Folio schreiben. Für Zeichnungen und Kupferstiche weiß ich allenfalls Rath. Dieses Haus ist ein wahres Athenäum. Im Erdgeschoß wohnt ein Künstler, der zur Nase redet; zur Linken ein andrer, welcher die Musik zum gefrieren bringt. Im mittlern Stock finden Sie einen vortrefflichen Mahler im Flüssigen, und hier neben an meine liebe Nachbarin Lucinde, übt die Kunst des Gemeingefühls exoterisch und esoterisch, nach dem Muster der alten Philosophenschulen.

**Jupiter.**

Möchten Sie sich nicht etwas deutlicher über diese braven Leute erklären, welche so wunderbare Dinge treiben, denn in den Schulausdrücken bin ich etwas zurück.

**Hornwunder.**

Haben Sie denn die herrlichen Aphorismen über die Kunst nicht gelesen? Sehen Sie, das ist mein Gedankenbuch, da habe ich mir die Stellen eingetragen. *(Er ließt aus einem Hefte:)*

„Parfümerie ist redende Kunst, und spricht zur Nase, Musik des Duftes."

„Baukunst ist gefrorne Musik."

„Eine Mahlzeit ist ein Gemählde im flüssigen. Kochkunst ist Plastik des flüssigen, die Form des räumlich Eßbaren. Das Sauere entspricht dem Rothen, das Alkali dem Violet."

„Die Kunst des Gemeingefühls zeigt sich wirksam am Lebendigen als ihrem Stoff; sie ist die Productive in der Zeugung, und der Geschlechtstrieb der Beruf zu ihr."

**Jupiter.**

Diese Kunst ist mir von Alters her bekannt: Sonst aber läßt die Polizei sie nicht so öffentlich ausüben.

**Hornwunder.**

Wer könnte – seit wir das neue Evangelium des Verfassers der Lucinde besitzen, der aber nicht mit dem Verfasser meiner Nachbarin Lucinde verwechselt werden muß – wer könnte noch Arges finden in der freien Ausübung der Liebe, dieser ältesten, kindlichsten und einfachsten Religion, welcher nichts gleich kommt, als die göttliche Kunst der Faulheit, das einzige Fragment von Gottähnlichkeit.[1]

**Merkur.**

Steht das alles in dem neuen Evangelio?

**Hornwunder.**

Dieß alles wörtlich, und noch weit mehr.

**Jupiter.**

Was die Faulheit angeht, so scheint mir der Herr Verfasser so unrecht nicht zu haben. Es ist eine hübsche Reihe von Jahren, seit

1 Die göttliche *Lucinde* des frommen Fr. Schlegel ist wohl nicht in jedermanns Händen, denn die niedlichen Bettbibliotheken von dergleichen klassischen Schriften, wie die *nouvelle Justine*, die *Elegantiae* des Meursius, die *Puçelle* und vor allem die gefeierte *Lucinde*, finden sich nur bei reichen Liebhabern, darum theilen wir die hieher gehörigen Stellen zur Erbauung im Küchengarten mit.

ich in den Quiescentenstand versetzt bin, und ich befinde mich ganz behaglich dabei, bis auf das Zittern in den Knieen.

**Hornwunder.**

Das kommt vielleicht von der Mystik.

**Jupiter.**

Was ist das für ein Ding?

**Hornwunder.**

Ich kanns ihnen am besten mit den Worten des ebengenannten Apostels sagen: Es liegt in der Natur des Menschen, daß er alles essen will, was er liebt. [. . .]

# E. T. A. Hoffmann zugeschrieben: Schwester Monika erzählt und erfährt. (Auszug; 1815)

[. . .] Aurelie hatte ihre Röcke abgelegt, ihr Hemde unter das Korsett geschoben; kaum lag ich ohnmächtig da, so warf sie sich auf Lucilie, und Beide vollbrachten ein so wüthendes Fingerspiel, daß ihre Schenkeln und Hinterbacken zitterten wie die Palmen Memphis, wie die Wogen des Oceans, wenn Boreas sie zusammenschüttelt. –

Schmerz hebe die Lust – fing jezt Aurelie an und arbeitete fort – und der Unlust träge, ärgerliche Sinne, vernichte wollüstige Vernichtung. –

In allem, was du Sinnliches thust – (Hier hob Lucilie ihren linken Schenkel so hoch in die Höhe, daß der ganze glühende Eingang der Lust sich versichtbarte; spreitete beide mit grazienhaftem Anstand voneinander und schloß sie wieder in so schöner pythischer Wuth; rollte so begeistert die großen funkelnden Augen, blähte so herrlich den schwanenweichen Busen; und laute Seufzer erdrückten sich im lieblichen Munde so wollüstig – daß mir das Gesicht verging, und ich – nur hörte, was Aurelie sprach – –) liebe Volanges! oder beginnen willst, oder dir widerfährt, begleite dich sittlicher Anstand, sittliche Grazie. – In der Befriedigung sinnlicher Lüste steht oft der Mensch unter dem Thier; sein stolzer Eigendünkel findet das oft lächerlich und schädlich, was ihm das Leben gab und so manche Sorge, so manchen verzweifelten Anschlag ihm aus dem niedergedrückten Gemüthe wegrückte.

Die Tugend bedarf keiner Scham, und Schamhaftigkeit ist nichts als der lezte aufgehobene Schleier der Schönheit.

Hier schmolzen Beide zitternd und zuckend zusammen und nach einem leisen Seufzer fuhr Aurelie fort:

Die Macht der Schönheit ist unüberwindlicher als die Kraft der Tugend. – Dennoch sind Beide Eins; und Beide verderben unter dem giftigen Hauche des Neides; und Beide richtet der unerbittliche Tod. –

Hier setzten sich Beide, entblößt wie sie waren, aufs Sopha:

Es gibt eine weibliche Seelenschönheit, man sollte sie nur moralisch und durch bloße platonische Anschauungen genießen. Es gibt eine natürliche Körperschönheit, die gleichsam selbst zum Genuß einladet und es als ein Verbrechen gegen die gütige Natur ansehen darf, wenn man sie geringer schäzt, als die Flamine oder die Muscatellertraube. – Wäre ich Gesetzgeber, hier würde ich Todesverbrechen beweisen. – Beide, die Schönheit der Seele und die des Leibes, sind ja ohnehin dem Verderben und der Auflösung unterworfen, – warum sie nicht genießen, warum sich ihrer nicht theilhaftig machen?

Nicht zu lieben, nicht zu genießen, sind die größten Verbrechen gegen die Gottheit und Natur – aber der Teufel, welcher fähig ist, Unschuld des Gemüths und des Herzens, Reinigkeit der Seele und des Leibes, – heiteres Leben, edles, frohes, einfaches Daseyn zu beleidigen, zu vergiften und zu zerstören – (und hieher inculpirt auch der ganze Troß der Kritiker und Despoten aller Art, als welche nicht gerne allein wissen mögen, was – Gut und Böse ist –) für den sind Qualen der Hölle nicht Strafe genug. –

Zwar ist im Menschen die Macht thierischer Leidenschaften und sinnlicher Triebe oft so groß und unbezähmbar, daß nirgends kein sittliches Gefühl des Gewissens Rechte an ihm zu behaupten fähig ist: aber diese Thiermenschen entschuldigt der größte Mangel an intellectuellem und intelligentem Vermögen; Mangel an Gefühl und Einsicht – Was alles dem Kulturmenschen in einem hohen Grad mitgetheilt ist und durch eigene falsche Anwendung ihn bis zum raffinirten Bösewicht herab- und hinauf zu bringen vermögend ist –[1]

---

1 Glückseligkeit, sagt Walter, ein Zeitgenosse Bahrdts, in seinem Tractat über die Erziehung als Gegenstand der Politik – ist Vermehrung unsrer angenehmen Empfindungen! und sonach wäre diese Vermehrung als die beste Summa bona Sache der Erziehung – Glückseligkeitslehre. – Leistet dieses die Erziehung z. B. in den höhern Ständen? Da, wo kein Broderwerb den Faden des Lebens in die Ewigkeit hineinzuspinnen verbietet? Und in den Volksständen? Hu! Welche entsetzliche Rohheit! – Wie arbeitet Erziehung dem Staate, dieser der Menschheit in die Hände? – Die Kirche bilde die Schule, die Schule bilde den Menschen, die Menschen den Staat, der Staat die Regierung!
Befiehl, Gesetzgeber, der du deinen Montesquieu durchgeblättert und marginirt hast, befiehl dem – Leimensieder, Brod zu backen; dem Töpfer goldene Gefäße zu verfertigen aus Thon; dem rohen Menschen, Gott zu erkennen, wie David und

Niemand – meine Liebe! hat ein Recht mir das zu entziehen, was die gütige Natur und ihr Schöpfer mir verliehen haben. Nie-

---

Hiob ihn erkannten, und sie werden dich auslachen, und du wirst erfahren, daß dein Gesetzgeben kein Nutze. Bisher ist es Sache des Schicksals geblieben, Menschen und Unmenschen zu bilden. Sache der Erziehung wäre es seit der Sündfluth gewesen, jene zu erheben, diese zu vernichten. – Gesetzliche Roheit, natürliche Roheit sind die ersten Vertheidiger natürlicher und gesetzlicher Verbrechen. Wo die Empfänglichkeit zum Guten fehlt, nicht erweckt, nicht ausgebildet worden ist, schreit das Gesetz vergebens, droht Strafe umsonst und sind beide nach Urtheil und Recht – Faustische Höllenzwangs-Mittel. –

Nr. 74.

Extractus Decreti

von Hochfürstl. Hohenlohe-Schillingsfürstischer Hofraths-Kanzley, d. d. 6. Juni 1747.

Hanns Görg Bort und Maria Catharina Laydingin von Obern Sölbach, welche sich fleischlich (schön! für die moralischen Sünden des Europäischen Gesammt-Continents ist noch kein Kraut gewachsen, – wäre wohl selbst das Freund Hainkraut vergebens gewachsen!) miteinander versündiget sollen ihren Eheverspruch nach schon erfolgtem elterlichen Consens ohngesäumt durch würkliche Copulation vollziehen, annebst die gewöhnliche Kirchen-Buße (ah! im Hemde! ah!) jedoch in favorem matrimonii ohne öffentlichen Vorstand ablegen.

Waldenburg, d. 30. Juni 1747.

Amor mortis est in pectore misero! Die Liebe stirbt in Sünden!!

Mit solchen Nichtswürdigkeiten beschäftigt sich die Gesetzgebung, während der Mensch nicht weiß, ob er auf Zweyen oder Vieren geht, – Oder ist nicht jenes Folge von diesem und sollte das Gesetz nicht festsetzen, daß für jedes Todesverbrechen in conclusum senatus einer der H. Raths-Mitglieder kopflos – für jedes geringere Peccatum aber hirnlos gemacht werde?

Sonntags den 30sten May wird aufgeführt: Verführung ist Tugendprobe, Schauspiel von Vogel – O weh! O weh! – Besser – die Therese philosophe gelesen, und einem ehrlichen Mädchen ihren heißen Dank – geschenkt. – – Wie herrlich benimmt sich z. B. Voltärs Hurone, Lafontaines Naturmensch, wenn er seine Liebe bezeigen will; wie schlecht, nichtswürdig ein St. Pouange! – Jene Söhne der Natur führt die Liebe; dieser entnervte Bösewicht aber, gewohnt, schlecht von Andern zu denken, eigennüzig zu handeln, mußte die Tugend selbst zu einer Chimäre erniedrigen, um zu genießen und zu verderben, was – nicht Tugend ist. – Wehe aber ihm und seinesgleichen, daß sie nicht wissen mögen, was Liebe ist! – Doch – eingelenkt! Französische Politik weiß auch in den Glaubenssachen von Recht und Unrecht, daß – die Grenzsteine verrückt werden müssen, will man – im Trüben fischen; und wir wollen gelten lassen, was wir finden. Z. B. Robert Woods Original-Ideen über den Original-Genius des Homers sagen in den Zusätzen ad pag. 286 aus: ,,Daß die Menschen erst gezähmt und dann unterrichtet werden sollen.“ Wie aber geschah dieses bey den Alten und wie bey den Neuen? ,,Alle Verordnungen, bürgerliche und gottesdienstliche, wurden in Melodien und Verse gebracht“, meldet besagter Wood, ,,und Priester so wohl als Gesetzgeber waren Dichter und Musiker.“ –

mand ein Recht, mir Gesetze vorzuschreiben, wo meine natürliche Willensfreyheit nicht die eines andern Individuum beeinträchtigt –

---

„Dies schickte sich“, fährt er fort als ein Neuerer der rohen bürgerlichen Verfassung, die ich beschrieben habe, „da man, um die Leute zu civilisiren, sich mehr an die Leidenschaften als an den Verstand wandte –“
Was in aller Welt soll denn der Verstand ausrichten, wo kein Gefühl für Recht und Billigkeit Eingang finden kann? Wo Witz Verstand ist und zügellose Freyheit zur Auslegung der Gesetze wird? – Auf der unterjochten Seite sieht man freylich heut zu Tage, daß die Menschen nach Robert Wood „erst gezähmt und dann unterrichtet werden sollen.“ Es fragt sich nur: wie viel Generationen – stückweise versteht sich – noch gezähmt werden sollen, um die folgenden eben so stückweise unterrichten zu können? Noch nie von Moses an bis auf Macchiavello hatte ein Gesetzgeber die richtigsten Begriffe von Pflicht und Willkühr. – Moses tyrannisirte sein Volk, um es im Zaum zu halten, daß es nicht Ausschweifungen beging, die durch das Gesetz zehenmal ärger wurden, als sie ihrer Natur nach zu seyn vermogten. Lorenzo, Herzog von Urbino, sagt Sismondi, hielt seine Hinterlist für tiefliegende Klugheit und seine Grausamkeit für Kraft; und Macchiavello, der die Menschen haßte, weil sie ihm alle aus Eigennutz und Selbstsucht zusammengesezt erschienen; bildete den Tyrannen vollends durch seinen Fürsten zum Teufelsegoisten um. – Uiberhaupt! – wer beweißt den Großen, – sind es nicht die Wunder der Zeit –, daß sie Menschen seyn sollen und einem Sittengesetz sich zu unterwerfen haben? – Nach der *Leipz. Literatur-Zeitung* kann es vielleicht Bauer, der in seinem historischen Handwörterbuch schreibt: „Obgleich Kaiser Lothar I. viele Verbrechen beging, um seine Herrschsucht zu befriedigen, so blieb doch seine Regierung ohne Kraft –!“ – Lassen wir den Großen und Mächtigen die Freyheit, zu thun, was ihnen gelüstet, so bleibt das Gesetz ewiger Deckmantel der Ungerechtigkeit und freye Menschen Sclaven des elendesten Despotismus – –
Es gab einmal eine Zeit, das Zeitalter der Vernunft, da waren die Großen dieser Welt, die Ungeheuer und Abentheurer in Tugenden und Lastern, eingesperrt in die Wahn-, Irren- und Tollhäuser. – Wollte man sich nun einmal ein vernunftloses Vergnügen machen – die ewige Vernunft ist langweilig! – so wurden diese wahnsinnige und rasende Thoren aus ihren Behältern gelassen und sie spielten zur Belustigung und zum Entsetzen der ganzen vernünftigen Menge solche erbaulich tragischkomische Stückchen, Stücke und Farcen, daß der ganzen vernünftigen Menge die Vernunft darüber ausblieb, wie der Athem, den sie aus Erstaunen an sich gehalten hatten. – So wurde der vernünftige Theil der Erde unterjocht. Noch mehr! nicht genug, daß gesellschaftliche und bürgerliche Tiranney, durch Verträge und Gesetze emancipirt, den Menschen nothzüchtigen; auch eine heimliche, über alle Theile des Seyns sich verbreitende, – von einander klaubend, was aus dem Fünffingerdarm des genossenen und rectifizirten Lebens – nicht unsre Hände gefüllt und beschmuzt hat, – heimliche Richter, Wissende, Censoren verlangen, daß das Homo sum mit Monstrum horrendum – versezt werden solle. Sie sind Diener des Lasters, um ihre unersättliche Herrschsucht zu befriedigen, Helden der Tugend, um unentdeckt ihren Lüsten fröhnen zu können, reißende Wölfe in Schaafskleidern. Ihre hohe Kunst leuchtet sonnenklar, hellstrahlend wie das Licht des Mittags, aber ihr Herz

und was die Sittlichkeit mir nicht selbst dictirt und die Liebe als verwerflich erscheinen läßt, – davon überzeugt mich kein Gesetz. –

Richter des Herzens und der Sinne, der Thaten und des Lebens erheben sich zwar unter und über den Menschen, wie wüthende Stürme und Gewitter, Pest und Krieg über den Kreis der Erde – zu ihrer Strafe, zu ihrem endlichen Erwachen: Kein Gesetz aber kann mir aufgeben das subjectivisch zu ehren, was objectivisch die Gewalt hat mir zu schaden oder mich zu demüthigen. – „Wer bist du, der du dich unterstehst deines Gleichen oder Andere zu richten, ohne ihnen die höchste und reinste Objectivität dessen, was da richtet, vor die Augen zu stellen? – Diese Frage, liebe Lucilie! erstreckt sich über Alles, was dem Menschen imputirt oder zugerechnet werden kann. – –

Lassen Sie es sich gesagt seyn, das Anmaßende unserer Natur und Erziehung hat die härteste Scheidewand zwischen Mensch und Mensch gezogen und sie allein ist das erste und größte Hinderniß der Selbsterkenntniß. –

Wie tief ist der Mensch gefallen! Neid, Zorn, Rachgier, Bosheit – Unbilligkeit, Härte, Ungerechtigkeit, List und Betrug füllen das innerste Heiligthum seiner Seele, gehen in Thaten über und prägen sich in den ärgsten Zügen auf seinem Angesicht aus. – Lavater hat nur die guten Stoffe der Physiognomik behandelt; eine wahre Musterkarte aus des Teufels Fabrik ist auf jedem Bal paré und jeder Spielgesellschaft zu ersehen, selbst im höchsten Genuß der Geschlechtsliebe dringt der Dämon des Verderbens à la *Justine* hervor –

Wie nun den Menschen im Menschen dem Verderben entreißen? Wie hoch, auch noch so tief gefallen, ist er fähig, sich zu erheben, durch den Zauber der Imagination; durch Erkenntniß der sichtbaren und unsichtbaren Gottheit in der Natur wie im Menschen; durch Tugend und Rechtlichkeit und Pflicht.

---

ist schwarz, scheußlich schwarz, wie die sternlose Mitternacht. Sie wissen Alles, aber es fehlt ihnen die Liebe – tönend Erz! Klingende Schellen sind sie. – Vor diesen glühenden Gözen ward schon mancher gute Sinn zu Asche zerstäubt, manches redliche Herz zerrißen, mancher Geist irre an den Fügungen des Himmels. – Doch! Sie haben ihren Lohn dahin! – – –

Fontanes,
von Lykurg erwählter Senator.

Und wie fröhlich laden nicht die Sinne, das reine Gemüth des Naturkindes zum Genuß ein. Alles schmilzt in uns in Andacht dahin, bey den einfachen und harmonievollen Accorden der Glokke – durch erhebenden Gesang, durch erhabene und heilige Geheimniße stimmt das Herz sich für die Gedanken einer bessern Welt. – Das virgilische Geläute der frölichen Herde, das Zwitschern der Cicade, die himmelansteigenden Töne der Lerche, unsere vom Feuer des Tagsgestirns in glänzenden Farben prangende Atmosphäre und das sanfte Licht der still unter den Geistern der Nacht dahin wandelnden Selene, o Lucilie, dieses Alles – Natur und Kunst – Gottes- und Menschen-Schöpfung – Lust und Schmerz, der herrliche kraftvolle Leib eines teutschen Hercules und der Rosenschmelz einer französischen Psyche – erheben den gefallenen, von niedrigen Leidenschaften und Genüßen befleckten Menschen aus dem angewöhnten und anerzogenen Schlamm seiner Unarten, erheben ihn, daß er frey seiner Thierheit sich entlassen, frey in das glühende Auge der Welt und in das sanfte eines liebenden Weibes zu blicken vermag – erheben ihn zur Andacht und zum seligen Entzücken. –

Aber es soll auch dieser Mensch, sollen wir so empfinden, so genießen, daß wir nicht vergessen das Elend von Tausenden und abermal Tausenden, die für alles dieses weder Sinn noch Gefühl haben.

Nur die Mittel, wie dieses geschehen soll, stehen nicht im Willen gemeiner Meinung; bleiben noch zum Theil Fragen ohne Antworten. – Sollten wir durch die strenge Zucht moralischer Forderungen, gleich militärischen mit Execution eingetrieben, sie für dergleichen verkannte Lebensgüter empfänglich machen?

Um aller Götter und Heiligen willen nicht! rief Lucilie aus. – Du! eine Priesterin der Natur, geschmückt mit Euphrosinens und den Reizen der H. Genovefa zugleich, wer würde dich in Paris, Chantilly oder Sarange unter einer solchen Dogmacapuze nicht unausstehlich finden!

Du hast Recht! fuhr Aurelie fort, es gäbe keinen größern Unsinn, keinen härtern Despotism. Wie bisher soll es unsere Pflicht bleiben, durch unsere Reize zu siegen, zu bilden und zu bekehren. Der Macht unserer Schönheit soll selbst die weibliche Eitelkeit weichen, und der Liebe erhabenste und zärtlichste Momente allein unsern Triumph über männliche Gesetz-Tyranney feyern. Wo aber dieses am brutalen Sinn des Thiermenschen abgleitet wie fruchtbarer Regen an öden Felsenkuppen, – da zeige das Weib, was es vermag! – Eins sey Corday und Agrippina, Dido und Elisabeth von Angoulême; sie seyen Eins im ganzen Gefühl ihrer vollkommenen richterlichen Weiblichkeit.

Aus hartem Marmor bildete Praxiteles seine gnidische Göttin, und die korinthische und dorische Säule trägt aufs edelste ungeheure Lasten. – Verwandelt beyde in Holz, wie mögen sie dem Wurm des bösen Gewissens und den Strömen widriger Schicksale und Leiden widerstehen? – Darum bleibe eisern die Schönheit in eiserner Zeit und unwiderstehlich durchschneide sie Herz und Nieren, Sinne und Gedanken. –

Versöhnend aber öffne sich unser Herz und Schooß da, wo das schielende Auge der Convenienz und die elende Politik der Selbstsucht, wo mit Gewalt aufgereizte Leidenschaften zu Verbrechen führen und den Unglücklichen an den Rand des Abgrundes der Verzweiflung schleudern. –

Ja! Lucilie! – aber entkleide dich! – Fredegunde, hilf uns, ein Kräuterbad soll unsere verscheuchten Sinne zurückrufen: – Die Verhältnisse des Guten und Bösen, des legalen und unlegalen, sind oft so untereinander geworfen, daß sie ihre Rollen wechseln und greuliches Unheil anrichten. – Hier zog ich Lucilien die seidenen Strümpfchen ab – Ha, Monika! wie reizend war sie! – Und noch nie, fuhr Aurelie fort, hat ein Mensch, auf dieser Erde gewandelt, sagen können: ich habe nichts zerstört, nichts abwendig gemacht von guter Thätigkeit, nie Gutes in Böses, nicht Böses in Gutes verkehrt! – –

So, liebe Lucilie! pflege ich zu philosophiren, und wie ich liebe und hasse, will ich Ihnen heute zeigen – Kommen Sie! –

Aurelie stand schon nackend vor mir; Lucilie ließ den Unterrock sinken, und mit zitternden Händen streifte ich die lezte Hülle ihrer Schamhaftigkeit vom alabasternen Leibe. – [. . .]

# Simon Ratzeberger (d. i. Chrn. Jac. Wagenseil): Von einem der allerabscheulichsten Bücher[1] (1829)

Frankreich hat die nicht zu beneidende Ehre, unter dem Titel *Justine, ou les malheurs de la vertu* dieses Produkt der Hölle ausgespieen zu haben. Zwar hat es manche sittenverderbliche Bücher erzeugt und die Moralität mancher Länder Europens vergiftet; aber was wären Voltaire's *Pucelle d'Orleans, – la Thérèse philosophe* und selbst die pöbelhaft-schmutzige *Histoire de Dom B*** gegen diese im Jahre 1791 zum ersten Male gedruckt erschienene *Justine?* Dieses Buch enthält unter dem Gewande der Erdichtung einen vollständigen theoretischen und praktischen Kursus des Atheismus, der Immoralität und des Verbrechens. – Der leidenschaftliche, dogmatische Atheismus und Antichristianismus der encyklopädischen Sekte in Frankreich macht die Grundlage desselben, und zugleich führt es mit satanischer Kühnheit die äussersten moralischen Konsequenzen jenes Systems zur Rechtfertigung aller Laster und Verbrechen aus, schildert sie auch mit solchen Details, dass sie nicht bloss der Unschuld allein, sondern auch selbst im alltäglichen Lauf gemeiner Verderbniss so unmöglich als grässlich scheinen müssen. Ein deutscher Leser wird sich schwerlich einen deutlichen Begriff von den sogenannten „grausamen Vergnügungen" *(plaisirs cruels)* machen können, deren tausendfache Veränderungen in diesem Buch beschrieben sind; auch ist der ganze Unflath, den die Muse der Bordelle ihren Geweihten eingiesst, in Verbindung mit allen Raffinements der blutdürstigsten Grausamkeit, die jemals in einer Folterkammer erfunden und ausgeübt worden in *Justine* ausgestreut. Zwar sind alle plumpschmutzige Ausdrücke vermieden und sorgfältig umschrieben, aber mit boshafter Ironie ein moralischer Zweck vorgespiegelt und eine Zueignung *à ma bonne amie* krönt vollends das namenlose Verbrechen. – Später kam eine andere Schrift unter dem Titel: *la philosophie dans le boudoir* heraus und wurde als ein Produkt von dem Verfasser der *Justine* angekündigt. Hier ist der dünne Schleier

1 S. C. F. Hubers *sämmtliche Werke seit dem Jahr 1792. 2ter Theil S. 220ff.* (Tübingen bei Cotta 1810.), wo dieses Buch vollständig besprochen, hier aber ein Auszug aus jener Recension mitgetheilt wird.

der Umschreibungen ganz weggeworfen und in einer Zueignung *aux libertins* jene freche Ironie gegen eine nicht minder schauderhafte Einladung zur Ausübung aller Verbrechen vertauscht. Ob beide Bücher nur einen Verfasser haben, ist zwar ungewiss, aber zur Ehre der Menschheit ist es gerathener, zu glauben, dass es so sei.

Diese *Justine* wurde in Frankreich verschlungen, oft aufgelegt und diese bereitwillige Aufnahme eines solchen schändlichen Buches zeugt hinlänglich von dem entsetzlichen Sittenverderbniss, das vor und kurz nach dem Ausbruche der Revolution in Frankreich geherrscht hat. Darum musste dieses Ereigniss so schleunigen Eingang finden, darum so grässlichen, blutigen Fortgang haben. Solche Bücher machen ein wesentliches Ganzes mit allen Gräueln der Revolution und Gegenrevolution, mit den Septemberthaten, den Märschen der revolutionären Armee, mit den Guillotinenfurien, den Priestern, den Seigneurs und vornehmen Damen, welche in der Vendée sich an den langsamen Todesmartern republikanischer Gefangenen weideten, u. s. w.

Gott behüte uns, auf Schriften dieser Art, dass der bessere Deutsche sie lesen soll, aufmerksam zu machen. – O nein! treulich, väterlich warnen wollen wir davor, daran erinnern, wie tief Frankreich durch sie gesunken war und die Ueberlegung aufregen, welch ein tief verdorbenes Volk dasjenige seyn müsse, unter welchem solche Bücher mit Beifall aufgenommen werden und reissenden Abgang finden konnten. Nicht die unschuldig verleumdete Philosophie, sondern die heillose Lebensweise der höhern Zirkel und die Verdorbenheit der niedern haben die Schrecken der Revolution hervorgerufen.

Die Zukunft wird die Namen des oder der Verfasser dieser Schriften enthüllen, und es wäre ein Wunder, wenn sie nicht auf eine Partei hindeuteten, die das böse Princip der Revolution und Gegenrevolution zu nähren strebte, und wenn es sich nicht fände, dass *Justine* dem geheimen Kabinet des Herzogs von Orleans nicht fremde gewesen sei.

## Schlitz, genannt von Görz, Johann Eustach (Graf; ursprünglich Frhr. v. Labes): Memoiren eines deutschen Staatsmannes aus den Jahren 1788–1816 (Auszug; 1833)

[. . .] In mancher Rücksicht waren derzeit die Gelehrten in die Rolle der vormaligen Geistlichkeit getreten und wurden wie Uhren aufgezogen und gestellt. Auf diese wirkte N.[apoleon] durch Auszeichnungen, durch Pensionen, und gab die Lieder ihres Glockenspieles an. Diese ließen sie nun dem Volke erklingen und dasselbe sang dann jauchzend mit. Mercier hatte gegen das Lotto geschrieben. Als es wieder eingeführt ward, wurde er Lotto-Director, eine Stelle, die er jedoch wieder verlor. Es würde zu weit ableiten, die vielen Apostasien dieser Art anzuführen, wenigstens beweisen sie, daß auch bestimmte Sätze des Glaubens im Religiösen immer einen festeren Stützpunkt abgeben, als wandelbar schwankende Theorien. Wir machen den Uebergang von den Gelehrten zu dem berüchtigten Marquis de la Salle [!]. Dieser kann kaum dadurch gerechtfertigt werden, daß auch er Schriftsteller und zwar Verfasser der *Justine* war. S. würde diese Erscheinung übergehen, zählte er sie nicht zu den Zeichen der Zeit; denn nur in einer Periode, welche die Verdorbenheit Aller in sich aufnahm, selbige pflegte und mischte, konnte ein Buch wie jenes geschrieben und gelesen werden. Berühren sich die Extreme, war sinnliche Liebe das Eine, Grausamkeit das Entgegengesetzte in denselben, so befand nunmehr die erstere mit der letzteren sich vereinigt, und was das schlimmste ist, so war dieses nicht etwa eine Raserei des Dichters, sondern vieles hatte er selbst geübt und zählte manche Anhänger. – Jener Elende hatte frühzeitig seinen Bosheitssinn thätig entwickelt. Bei einem Tanzfeste der ersten Frauen in Aix streute er Cantharidenpulver aus, welches selbst die Gesundheit vieler angegriffen hatte. Das Parlarment erkannte gegen ihn das Rad. Diesem entging er und so wurde von seinen nachfolgenden Thaten auch die kund, daß er einem Mädchen im Gefühle der ihm eignen Wollust, die des Anblicks des Bluts und der Qualen bedarf, eine Ader öffnete und sie dann wieder versiegelte. Zur Ehre der Menschheit muß diese Verirrung durch Raserei erklärt werden. So nahm es Napoleon und schickte ihn nach Charenton. Anders benahm sich ein Preuße, ein Graf St..., der, kaum in Paris angekommen, vor allen nach de la Salle [!] fragte und vor allem ihm zusprach. Ist einmal von dem Sittenverderbniß die Rede, so mag auch folgender Zug selbiges schildern.

Mehrere junge Leute sahen einen männlichen Affen und bemerkten den bei diesen Thieren so häufig auch äußerlich sich zeigenden Geschlechtstrieb. Der Wunsch, diesen befriedigt zu sehen, war wohl weniger, als Neugierde der Sinnlichkeit der Beweggrund ihres Vorschlages an den Affenführer, dem Affen ein Mädchen zuzuführen. Der Handel wurde von allen Interessenten abgeschlossen, das Mädchen erschien und gab sich dem Affen, nachdem er mit einem Maulkorbe versehen war, preis. Die zahlen sollten, zahlten, die Einstreichenden strichen ein, und so schien alles abgemacht. – Da meldete sich späterhin der Affenführer, sein zärtliches Thier ist angesteckt, und ihn nähret doch das Vorzeigen desselben. Die Partheien gerathen an einander und vergleichen sich, damit der Handel nicht ruchbar werde; nur das Mädchen wird von ihren Gefährtinnen im Palais royal ausgestoßen.

„*pour avoir derogé à sa vocation.*"

Hier bewiesen die Töchter der Freude allein richtiges Gefühl. Sie hatten übrigens mit manchen Nichtprivilegirten vieles, auch die Ansteckung gemein. [...]

# O. L. B. Wolff:
# Allgemeine Geschichte des Romans, von dessen Ursprung bis zur neuesten Zeit. Zweite vermehrte Ausgabe. (Auszug; 1850)

**Man muß wissen, wo man steht**
**und wohin die Anderen wollen.**
**Goethe**

[. . .] Dazu kam nun noch die Mode des Philosophirens; gerade bei Dingen dieser Art suchte man sich durch ein scheinbar philosophisches Raisonnement nicht allein vor Vorwürfen, die das nie ganz zu unterdrückende moralische Gefühl machen mußte, zu decken, sondern diesen raffinirten Cynismus als etwas Erlaubtes und selbst in der Ordnung der Dinge Nothwendiges systematisch festzustellen. So, um nur Eins anzuführen von Vielen, findet sich in der berüchtigten und viel gelesenen (denn sie ist in wenigstens zehn verschiedenen Ausgaben vervielfältigt worden) *Thérèse philosophe*[1], welche von einigen Literaten sogar Voltaire zugeschrieben wird, neben den gemeinsten Scenen thierischer Wollust, neben der Geschichte einer ganz gemeinen Hetäre, das ausführlichste Raisonnement über die wichtigsten und erhabensten Gegenstände des menschlichen Nachdenkens. – Und doch, so entsetzlich auch eine verdorbene Phantasie hier wucherte, die Wirklichkeit bot noch schlimmere Erscheinungen dar.

Ihren Culminationspunct erreichten diese Bücher in den scheußlichen Arbeiten des abscheulichen Marquis de Sade, namentlich in seiner *Justine ou les Malheurs de la vertu* und *Juliette ou le bonheur du vice*. Gräßlicheres und Gotteslästerlicheres hat wohl nie ein menschliches Hirn ersonnen. Der Grundgedanke ist der, daß es entweder keinen Gott gebe, oder daß dieser sich wenigstens nicht um die Menschen kümmere, sonst würde die Tugend nicht hienieden so viel leiden, das Laster nicht so triumphiren. Justine sucht tugendhaft zu bleiben, erduldet aber die gräßlichsten und unnatürlichsten Schändungen ihres Körpers und die furchtbarsten Martern;

1 Von diesem abscheulichen Buche existiren ebenfalls sehr viele Ausgaben, z. B. à la Haye o. J. 2 Bde. in 8. mit Kupfern in Queerfolio. Constantinople 17000. 1 Bd. in 12. mit Kupfern. – Londres o. J. mit sehr schön gearbeiteten Kupfern u. s. w.

Juliette, ihre Schwester, aus den abscheulichsten Verbrechen zusammengesetzt, kommt dagegen zu Ehre und Reichthum, ungestraft das Schändlichste begehend. Eine Scene scheußlicher als die andere, voll practischer Anweisungen zu Päderastie, Incest, Sodomie, Torturen zur Steigerung der Wollust u. s. w. folgt sich in dem Werke, das zehn dicke Bändchen bildet und zur ewigen Schande der Menschheit wiederholt aufgelegt worden ist. Alles ist widernatürlich in diesem Buche, und es wird unmöglich, ohne den größten physischen Eckel nur einige Seiten davon hinter einander weg zu lesen.[2]

---

2 Donatien Alphonse François, Marquis de Sade, ward am 2. Juni 1740 zu Paris geboren, erhielt eine sehr schlechte Erziehung, trat dann als Offizier in das Regiment des Königs und machte den siebenjährigen Krieg mit. Nach seiner Rückkehr vermählte er sich mit Madlle de Montreuil und wurde, als sein Vater starb, dessen Nachfolger in dem Amte eines *Lieutenant-général de la Bresse.* Er brachte jedoch die meiste Zeit in Paris zu, wo er sich zu den berüchtigtesten Wüstlingen gesellte und erregte Aufsehen durch seine skandalösen Streiche, vorzüglich dadurch, daß er die Genossinnen seiner Ausschweifungen scheußlich mißhandelte. Eine 1766 deshalb gegen ihn erhobene Anklage ward niedergeschlagen, eine zweite, 1772, zog ihm ein Todesurtheil zu, von dem er sich jedoch durch die Flucht nach Italien rettete. Als er zurückkehrte, ward jener Richterspruch zwar cassirt, er selbst aber durch eine *Lettre de cachet* eingesperrt, und später, nach misglücktem Versuche der Flucht, 1784 in die Bastille gesteckt. Hier schrieb er jene scheußlichen Bücher, die seinen Namen an den Pranger geheftet haben. Im Jahre 1790 durch ein Decret der *Assemblée constituante* zugleich mit den übrigen Staatsgefangenen frei gesprochen, kümmerte er sich gar nicht um die Revolution, sondern setzte sein früheres Leben fort. Eine neue abscheuliche Schrift zog ihm auf polizeilichem Wege eine zweite Verhaftung zu. Anfangs nach Ste Pélagie, ward er später nach dem Hospice von Charenton gebracht und nicht wieder frei gelassen. Napoleon befahl, ganz zu ignoriren, daß er noch lebe. Er starb daselbst am 21. December 1814. Außer jenen beiden verrufenen Romanen hat er noch Mehreres geschrieben, wie z. B. *Aline et Varcourt ou le roman philosophique; Les crimes de l'amour ou le délire des passions; la Marquise de Ganges; les malheurs du libertinage,* ein Drama in drei Acten u. s. w. Diese Arbeiten sind jedoch höchst mittelmäßig. *Justine* erschien zuerst unter dem Titel: *Justine ou les Malheurs de la Vertu.* 2 Bdchen. 3. Aufl. Philadelphie (Paris) 1794. Später vermehrt und fortgesetzt: *La nouvelle Justine, ou les malheurs de la vertu, suivie de l'histoire de Juliette, sa soeur.* 9 dicke Bändchen in 12. mit Kupfern. Rome o. J. Der Verkauf dieser Romane ist in Frankreich selbst bei schwerer Strafe untersagt. Ein Buchhändler machte daher die Speculation, ein ganz unschuldiges Buch mit jenem Titel und der Vorrede de Sade's auszustatten und lüsterne Käufer damit zu betrügen, wurde aber ebenfalls streng dafür bestraft. – *Justine* und *Juliette* sind beide so raffinirt, unnatürlich und widernatürlich, daß sie an den Wahnsinn grenzen. Für eine solche krankhafte Exaltation zeugten auch

Diese Literatur ist so bedeutend, daß ein vollständiger Catalog mehr als tausend Nummern zählen würde. In neuester Zeit ist jedoch nicht viel dergleichen mehr erschienen; das Meiste datirt aus den mittleren Decennien des vorigen Jahrhunderts, auch hat man sich seit Louis Philipp's Regierung es eifrig angelegen seyn lassen, dergleichen Schriften zu unterdrücken. Ganz wird das jedoch nie gelingen, da es nun noch mehr Sache merkantilischer Speculation geworden ist und sich dem herrschenden Geschmacke in der inneren, wie äußeren Ausstattung anschließt. So ist eins der neuesten, *Gamalio ou deux nuits d'excés,* ganz in Balzac's Art und Weise geschrieben und bezieht sich ausdrücklich auf dessen *peau de chagrin.*[3]

Ganz überschlagen durften diese Erscheinungen nicht werden. So sehr sie auch der Menschheit zur Schmach gereichen, soll sie doch der Historiker nicht übergehen. Was hier davon gesagt ist, wird hinreichend seyn, um einen Begriff der gröbsten Ausartungen zu geben. Ich kehre nun ausführlich zu der ersteren Gattung zurück, welche weit wichtiger für die Geschichte des Romans ist, da sie sich gänzlich als Ausdruck des damaligen socialen Lebens in Frankreich geltend macht, zu jenen Romanen nämlich, welche, indem sie die sociale Verderbtheit schildern, theils muthwillig, theils wohlgefällig lascive Scenen als Hauptmomente zur Entwikkelung der Begebenheiten und Charactere darstellen. Sie waren noch gefährlicher als jene, denn die Polizei verfolgte sie nicht und ihr feineres Gift wirkte nachhaltiger. [. . .]

---

seine hinterlassenen Papiere. S. *Biographie Universelle.* Art. de Sade. – *Biographie universelle des Contemporains.* Paris 1834. *Supplément.* Art. de Sade. – *Revue retrospective.* Paris 1833. Bd. I. Heft 5.

3 Nicht gedruckt, sondern nur lithographirt erschienen, als Beilage zu obscoenen Bildern, mit denen überhaupt, trotz der Wachsamkeit der Polizei, jetzt noch in Frankreich heimlich ein sehr ausgebreiteter Handel getrieben wird.

# Der Mensch ist böse

**»De Sade, le professeur de crime**
**est maitenant l'oracle de son quartier«**
**Hippolyte Taine**

betitelte Ernst Ulitzsch 1920 seine bei Alfred Richard Meyer in Berlin-Wilmersdorf erschienene Auswahl der *Lehren und Sprüche des Marquis de Sade*. Ihr entnahmen wir das Vorwort. Den Rechteinhaber konnten wir leider nicht ermitteln, erklären aber hiermit, berechtigte Ansprüche entgelten zu wollen.

Zu Jules Janin und seinem Buch heißt es in der *Bibliotheca Germanorum Erotica & Curiosa* von Hugo Hayn und Alfred N. Gotendorf: »**Janin, Jules,** *Der Marquis von Sade*. Leipzig 1835. 8°. Sehr selten! (7 Mk. 50 Pfg. Hugo Streisand, Berlin, 1908). Längst vergriffen!«

Dem galt es abzuhelfen. Der hier vorgelegte Text folgt, buchstabengetreu, der auf Seite 7 durch das Faksimile des Umschlags ersichtlichen, 98 Seiten umfassenden, deutschen Buchausgabe des aus dem Französischen übersetzten Aufsatzes von Jules-Gabriel Janin, geboren am 16. Februar in St. Etienne-en-Foret, gestorben am 19. Juni 1874 in Paris. Er erschien erstmals, ebenfalls unter dem Titel *Le Marquis de Sade*, in der *Revue de Paris*, Paris, 1834, Bd. XI, S. 321–360. Außerdem in: Jules Janin: *Les Catacombes, Romans – Contes – Nouvelles et Mélanges littéraires*, Paris, Werdet, 1839, Bd. 1, S. 113–203 und in: *Le Marquis de Sade* par Jules Janin. *La vérité sur les deux procès criminels du Marquis de Sade* par le Bibliophile Jacob. Le tout précédé de la BIBLIOGRAPHIE des Œuvres du Marquis de Sade. Paris. Chez les marchands de nouveautés, 1834/eigentlich aber 1839/. Das Frontispiz dieser Ausgabe findet sich auf Seite 2 des vorliegenden Buches. Vergleiche außerdem Jules Janin: *Le Livre*. Paris, Henri Plon, 1870, S. 279–292.

Leider ist die deutsche Ausgabe nicht ganz vollständig. Im folgenden sei daher der abhandengekommene Text nachgeliefert. Die Übersetzung aus dem Französischen besorgte Susanne Farin.

*Seite 10, Zeile 37*
Am Montag der Heiligen Woche, am 6. April 1427, begegnete Petrarca in der Kirche der Gemeinde Sainte-Claire der schönen Laura zum ersten Male.

*Seite 14, Zeile 10*
Wie habt Ihr Euch da verteidigt, schöne, weiße Laura, die Ihr, von Eurem Anbeter im Bade überrascht, die klaren Wasser der Quelle von Vaucluse umwölktet? Aber was solltet Ihr denn auch tun?

*Seite 22, Zeile 21*
... zwölf oder ...

*Seite 22, Zeile 22*
In seinem ersten Buch zeigt er uns ein armes Mädchen im Unglück, einsam und verloren, gebrandmarkt, von Schlägen ermattet und von wahren Ungeheuern von einem unterirdischen Gewölbe zum nächsten, von Friedhof zu Friedhof geschleppt, geschlagen, zerbrochen, zerfleischt, geschändet, zermalmt.

*Seite 22, Zeile 28*
Wenn der Autor mit seinen Verbrechen am Ende ist, wenn ihm keine weiteren Schandtaten und Ungeheuerlichkeiten einfallen, wenn er sich außer Atem über die von ihm erdolchten und geschändeten Leichen beugt, wenn es keine Kirche mehr gibt, die er nicht entweiht hätte, kein Kind, das er nicht seiner Raserei geopfert hätte, keinen moralischen Grundsatz, auf dem er nicht den Unrat seiner Gedanken und Worte abgeladen hätte, wenn er endlich einhält, dann betrachtet er sich und lächelt sich zu – er hat keine Angst vor sich selbst. Im Gegenteil, ihm gefällt sein Werk, und da er findet, daß es, obschon von abstoßender Häßlichkeit, noch nicht vollständig sei, macht sich dieser Verdammte auch noch ein Vergnügen daraus, sein Buch zu illustrieren, seine Gedanken in Bilder zu bringen und dem Buch Gravuren beizugeben, die dem Text in nichts nachstehen, seiner wahrhaft würdig sind. So entstand das schrecklichste Monument menschlicher Erniedrigung und Verirrung, vor welchem selbst das alte Rom in seiner Blütezeit der Dekadenz und der Ausschweifung, als die Römer ihre Sklaven den Fischen in ihren Weihern vorwarfen, aus Scham und Entsetzen zurückgeschreckt wäre.

*Seite 22, Zeile 38*
Er hat nur die Männer und Frauen Frankreichs entehrt, er aber will die ganze Welt entehren.

*Seite 23, Zeile 1*
O welch schrecklichen, schändlichen Kampf ficht dieser Mensch mit sich aus! Was konnte er in seinem zweiten Buch noch schreiben, das er nicht schon in seinem ersten gesagt hat? Welche neuen Martern konnte er sich ausdenken? Welche neuen Schrecken? Welches Grab hatte er noch nicht entehrt? Welchen König oder Kirchenfürsten noch nicht seiner Raserei preisgegeben? Welch ein Unmensch! In seinen Büchern beschuldigt er sogar die Königin von Frankreich –, ja, die Königin von Frankreich erscheint tatsächlich in seinen Orgien!

*Seite 23, Zeile 3*
. . ., Kindermord, . . .

*Seite 23, Zeile 5*
Schauen Sie ihn sich an, diesen schlammigen Wurm, der in dem Augenblick, als die französische Gesellschaft unter dem Sophismus röchelt, aus seiner Verderbtheit hervorkriecht, um leise seine erbärmlichen Wahrheiten auszuspeien. Stellen Sie sich den Schrecken eines ehrenhaften Menschen vor, der sich, von derselben Neugier getrieben, die unseren Stammvater Adam dazu verleitete, vorwitzig nach dem Baum des Todes zu greifen, dem Marquis von Sade gegenüber findet! Welche Scham empfindet der Leser über seine unselige Kühnheit! Wie zittern ihm die Hände! Wie tönen ihm die Ohren von dem Klang der Totenglocke, die die letzte Hinrichtung begleitet! Welch grauenvolle Strafe ist es für den Unglücklichen, der seine Augen und sein Herz mit dieser verabscheuungswürdigen Lektüre verdirbt, sich von den jämmerlichen Phantomen verfolgt zu sehen, und furchtsam, unbeweglich und stumm den grausigen Szenen beizuwohnen, ohne sich rächen zu können – es sei denn, er zerreiße den Band oder werfe ihn ins Feuer.

*Seite 23, Zeile 8*
Vielleicht wollen Sie wissen, und es ist ihr gutes Recht, es zu erfahren, durch welchen Zufall oder vielmehr durch welches Unglück mir die Werke des Marquis von Sade bekannt geworden sind. Sie wundern sich sicher auch darüber, daß ich so offen die verabscheuungswürdige Lektüre eingestehe. Das ist nur zu verständlich, mein ehrenwerter Leser. Mit vollem Recht erstaunt es Sie, daß ein Mann von Verstand nicht schon nach der ersten Seite ein solch unseliges Buch, das mit jeder Zeile die Gesetze der Erde und des Himmels mit Füßen tritt, von sich gewiesen hat. Warum wirft man das Buch nicht sofort weg oder schweigt wenigstens darüber? fragen Sie laut. Aber ganz leise fügen Sie hinzu: Glauben Sie etwa, daß wir dieses Buch nicht kennen, wir, die Alten des Empire, und wir, die Jungen der Restauration? Ach, meine Herren, gerade weil Sie es gelesen haben, spreche ich davon, gerade weil wir alle so rückgratslos waren, diese unheilvollen Zeilen zu verschlingen, müssen wir die rechtschaffenen und glücklichen Leute, die diese Bücher noch nicht kennen, davor schützen. Denn, täuschen Sie sich darüber nicht, der Marquis von Sade ist überall. Er steht in allen Bibliotheken – auf einem verborgenen, geheimnisvollen Regal, das leicht zu entdecken ist. Es ist eines dieser Bücher, die sich meist hinter dem heiligen Johannes Chrysostomos, dem *Traité de morale* von Nicole oder den *Pensées* von Pascal befinden. Fragen Sie die Nachlaßverwalter, ob es häufig vorkam, daß sie in einem Sterbefall ein Nachlaßver-

zeichnis angefertigt haben, in dem sich der Marquis von Sade nicht fand. Und da es zudem eines der Bücher ist, die das Gesetz nicht als Privateigentum anerkennt, geschieht es oft, daß die Geistlichen der Geschäftsleute oder deren Kirchenpatron sich als erste in den Besitz des Buches bringen und es so einer allgemeinen Lektüre zugänglich machen. Wir sind uns also darüber einig, daß Ihr das Buch gelesen habt, all Ihr Müßiggänger, die Ihr lesen könnt, Ihr, die schamlosen Unschuldslämmer des Gasttisches oder des Wirtshauses, Ihr, die großen Verführer der Grande Chaumière oder des Tivoli, Ihr, die Lovelace des Opernfoyers oder des Café de Paris, Ihr, die Ihr so naiv, so sanft, so furchtsam im Herzen Eurer Seele seid, trotz Eurer Bemühungen, böse und grausam zu wirken, Ihr, die Ihr erstmals einer Grisette begegnet seid. Gut, wir sind uns nun also darüber einig, daß ihr über das betrübliche Sujet besser unterrichtet seid, als ich es jemals sein werde. Ich beendige deswegen hier meine unangenehme und unnütze Analyse und fahre ganz einfach in meinem literarischen Essay über den Mann fort, dessen berühmt-berüchtigter Name vielen erwachenden Geistern den Schlaf geraubt und viele unschuldige Herzen verdorben hat.

*Seite 24, Zeile 12*
. . . , das Erdgeschoß mit seinem blankgebohnerten Parkett, . . .

*Seite 25, Zeile 22/23*
Und das Unglück nahm seinen Lauf. . . ., und diese armen Verlassenen verlangten nach nichts anderem, als das Tageslicht zu sehen.

*Seite 25, Zeile 29*
Es genügte, daß sie sich nicht in seiner Reichweite befanden, daß er den Wunsch verspürte, sich dieser Bände zu bemächtigen, es genügte, daß sie verboten waren, daß er Lust hatte, seine Hand nach dieser Frucht des Unglücks und des Verderbens auszustrecken.

*Seite 26, Zeile 14*
. . ., wie er davor zurückwich, indem er sich zusammenkauert, um nicht von diesem Pesthauch berührt zu werden!

*Seite 26, Zeile 38*
. . ., er und sein Gott, den er in seinen Händen trug.

*Seite 29, Zeile 16*
. . ., jede Vorstellung einer Gesellschaft, die sich selbst verteidigt, . . .

*Seite 33, Zeile 22*
Diese Frau schlug den längsten Weg nach Hause ein, vielleicht, weil sie ein Abenteuer suchte, – doch was für ein Abenteuer!

*Seite 34, Zeile 6*
. . ., und dann begann die Orgie erst richtig.

*Seite 34, Zeile 36*
1772 war er in Marseille und feierte dort in einem ruchlosen Hause eine große Orgie, an deren Folgen zwei Freudenmädchen den Tag darauf starben. Nie zuvor hat man wohl von einem gräulicheren Bacchanal gehört.

*Seite 35, Zeile 11*
Aber warum ließ man den Marquis von Sade aus diesem so gut gesicherten Gefängnis entkommen? Ist es schon so weit, daß es an Gefängnissen mangelt? Habt Ihr nicht die Bastille? Habt Ihr nicht die Kerker von Vincennes? Habt Ihr nicht Saint-Lazare? Habt Ihr nicht all diese riesigen Schlünde, wo ihr, ohne jemandem darüber Rechenschaft abzulegen, den erstbesten Schriftsteller, der ein Wort des Widerspruchs murmelt, hineinwerft?

*Seite 35, Zeile 13*
Ihr kennt das Gefängnis, Ihr habt es in den Briefen des Geliebten der Sophie in seiner ganzen Größe gesehen.

*Seite 39, Zeile 21*
Dieser Mann war aus Eisen. Steckte man ihn in den Kerker, erzählte er sich selbst seine ruchlosen Ideen, ließ man ihn frei in seinem Zimmer, schrie er seine Schändlichkeiten durch die Gitterstäbe seines Fensters, ging er im Hof spazieren, zeichnete er obszöne Figuren in den Sand.

*Seite 40, Zeile 2*
Dann trat er in die Reservate des Wahnsinns, in denen der Mensch zu einem wilden Tier wird, sich seinen Urinstinkten überläßt und in roher Offenheit die versteckten Regungen seiner Natur enthüllt. Manchmal machte er sich ein Vergnügen daraus, diese ungestalten Wesen zu betrachten, zehnjährige Greise, auf Stroh hingekauert, die mit blöder Miene zu verstehen suchten, warum das Stroh schmutzig und stinkend war.

*Seite 40, Zeile 16*
. . ., und selbst derjenige, der das Gefängnis nicht betrat, der Reisende, der auf der Landstraße daran vorbeifuhr, sagte zu sich, wenn er die Mauern sah – und er dachte dabei an niemand anderen –: Also hier ist er eingesperrt!

*Seite 40, Zeile 22*
. . ., und vor der glänzenden Gesellschaft von Galeerensklaven und eigens aus Paris angereisten Damen der besten Gesellschaft, . . .

*Seite 40, Zeile 29*
Umso schlimmer für den Abbé Goulmier![1]

*Seite 40, Zeile 36*
Jedoch gab es für den Marquis von Sade keine unschuldigen Vergnügungen. Da er ständig von denselben Visionen mörderischer Wollust heimgesucht wurde, irrte er überall in Bicêtre herum, um Anhänger zu suchen und auch zu finden. Er war tatsächlich der allgemein anerkannte *Professor des Hauses.* Immer hielt er für die Häftlinge eines seiner gedruckten Bücher oder eines seiner Manuskripte in den Taschen bereit. Er warf sie durch einen Schacht in die Kerker oder schob sie unter der Tür hindurch in den Krankensaal; auf dem Gefängnishof umgab er sich gerne mit jungen Häftlingen, deren Professor für Philosophie und Moral er war, ein Professor, dem man andächtig lauschte und gelegentlich applaudierte. Er trieb ein solches Unwesen, daß die Ärzte von Bicêtre bald feststellen mußten, daß ihre Kranken beim bloßen Anblick des Marquis von Sade noch kränker, die Verrückten noch verrückter, die Schwachsinnigen noch schwachsinniger und die Gewalttäter noch gewalttätiger wurden, wenn sie die Reden des Marquis von Sade gehört hatten. Der Marquis vergiftete die Seelen dieser Unglücklichen wie Madame de Brinvilliers die Kräutertees der Hospices.

Die Ärzte beklagten sich deswegen beim Innenminister über diesen Gefangenen, der alle ihre Kranken verdarb. Einer dieser Ärzte, M. Royer Collard, schrieb diesbezüglich ein nachdrückliches und bemerkenswertes Gutachten an M. de Montalivet, in welchem er sagte, daß er, M. Royer Collard, nicht mehr für die Heilung der Kranken garantieren könne, wenn man nicht endlich diesen Mißständen ein Ende setze. Er setzte sich dafür ein, daß der Marquis von Sade in einem geschlossenen Gefängnis untergebracht werde. Aber der Marquis hatte mächtige Gönner. Täglich gingen beim Minister neue Bittschreiben von höchster Stelle ein. Es scheint unglaublich, aber ich habe viele hübsche kleine Briefe von jungen, schönen Frauen der besten Gesellschaft gesehen, die ganz einfach forderten, daß man dem *armen Marquis* die Freiheit schenken möge. Diese schönen Frauen, die heute nicht mehr ganz so jung sind, haben vielleicht in der Zwischenzeit erfahren, für wen sie sich verwendet haben. Sie wären sicherlich untröstlich, wenn sie sich erinnerten, für wen sie Fürsprache eingelegt haben!

---

1 Eine dieser Komödien endigt, wenn ich mich recht erinnere, mit den Versen:

Alle Menschen sind verrückt,
doch muß man deshalb nicht verzagen,
man schließe sich nur in sein Zimmer ein
und versäume nicht, die Spiegel zu zerschlagen.

Man gab dem Marquis von Sade seine Freiheit nicht wieder, aber man ließ ihn in Bicêtre frei herumlaufen. Die Kongregation hatte freundschaftliche Gefühle für ihn und fand ihn nicht so schuldig, wie man allgemein sagte. Er verbrachte also sein Leben unter jenem Völkchen, das ihm größtes Vergnügen bereitete. Bis zum Schluß blieb er seinen schändlichen Gewohnheiten treu, bis zum letzten Tag schrieb er an jenen Büchern, die Sie alle kennen und erfand tagtäglich neue Mordkombinationen, was ihn auch noch mit Stolz erfüllte. Man kann sagen, daß die Einbildungskraft des Marquis von Sade die unerschöpflichste Einbildungskraft war, die die Welt je in Schrecken versetzt hat. Nichts konnte sie brechen, weder das Gefängnis noch das Alter, weder die Verachtung noch der Abscheu der Menschen; allein durch den Tod konnte dem schrecklichen Wirken dieses Menschen ein Ende gemacht werden. Lebte er heute noch, so würde er noch heute schreiben.

*Seite 41, Zeile 14 (Ende)*
[Anmerkung zum letzten Satz:
Diese Äußerung über den Kopf des Marquis de Sade stammt von einem Phrenologen, der sehr erstaunt war, als ich ihm sagte, von wem der Schädel stammte. Tatsächlich hatte er an jenem Schädel das Destruktionsorgan gefunden.]
Heloise und der Marquis von Sade! Väterliche Liebe, nachgewiesen am Schädel eines Menschen, der in seinen Büchern unzählige Kinder umgebracht hat. Dennoch ist dies eine Folgerung, die ich keineswegs unerwähnt lassen will, verdichtet sie auch nur noch das Gewölk, das sich um diesen mysteriösen Mann gebildet hat.

Was die anderen physiologischen Thesen über den Marquis von Sade betrifft, er sei einfach ein Verrückter gewesen, erschien vielleicht dem Kaiser als ausreichend, der kaum die Zeit hatte, eine andere Erklärung zu suchen, aber sie taugt nichts für einen Philosophen, der Klarheit über die Dinge gewinnen will. Ein Verrückter! Der Marquis von Sade! Das hieße, der Verrücktheit das Heilige zu nehmen, das ihr alle Völker zuerkannt haben, das hieße, aus der schlimmsten Krankheit des Menschen ein Verbrechen machen. Der Marquis von Sade hat genausowenig den Schädel eines Verrückten wie den von Heloise. Er ist ein gesunder Mensch, der seine Fähigkeiten dazu verschwendet hat, seinesgleichen mit Grauen zu erfüllen. Er ist ein Mensch, der jede Brandmarkung, jede Verachtung verdient, als ein Verrückter hingegen wäre er unseres Mitleids würdig.

Ich hatte mehrere unveröffentlichte Manuskripte des Marquis von Sade in Händen, die er in den Mußestunden seines Irrenhausaufenthalts geschrieben hat. Eines dieser Manuskripte, das in einem gewaltigen Feuer vernichtet wurde, das nichts übrigließ, nicht einmal die Asche, war ganz in der Art seiner früheren Werke geschrieben. Bemerkenswert daran aber war das Post-Scriptum des Autors: dieses Post-Scriptum faßt sehr gut das Wesen dieses Menschen zusammen, der kein anderes Testament hinterlassen konnte:

»PS: *Ich hätte beinahe zwei Qualen vergessen!*«

Eine dieser Qualen bestand darin, eine Frau auf einen Sessel, der über einer Feuerstelle steht, zu setzen. Durch einen vom Autor klar und ausführlich beschriebenen Mechanismus klappt der Sessel auseinander und die arme Frau fällt auf die glühenden Kohlen.

*Ich hätte beinahe zwei Qualen vergessen!* Und der Schreckliche erhebt sich von seinem Sterbebett, um seinen Ruhm zu vollenden, zweifelsohne um sich selbst die Gerechtigkeit widerfahren zu lassen, daß er von allen zwar nicht wirklichen, aber vorstellbaren Verbrechen kein einziges vergessen hat.

Und dennoch war sein Tun vergeblich, umsonst hat er seine erschöpfte grausame Phantasie gemartert. Neben all den Verbrechen mit Feuer, Eisen und Wasser, neben all den Qualen des Rades, der Folterbank und glühender Kohlen, gibt es doch eine Qual, die er vergessen hat und die noch schrecklicher, noch grausamer als all die anderen ist, und zwar: fünfundsechzig Jahre von diesen gottlosen Gedanken besessen zu sein, die Jugend im Verbrechen, die Manneszeit im Kerker und das Alter im Irrenhaus zu verbringen; zu erleben, wie die ganze Familie stirbt, aber dem Trauerzug seiner Frau nicht folgen zu dürfen, aus Angst, sie zu entehren; in den Träumen von unglaublichen Verbrechen heimgesucht zu werden; an allen üblen Orten der Welt Bewunderung zu finden; der Dichter der Zuchthäuser und der Geschichtsschreiber der Prostitution zu sein; zu sterben, wie man gelebt hat, einsam, verachtet und verabscheut; Bücher zu hinterlassen, die die Schande des menschlichen Denkens sind und beinahe die Buchdrucker- und Kupferstecherkunst in Verruf gebracht hätten; das ist die Qual, die der Marquis von Sade vergessen hat.

PS. Auch *ich hätte beinahe eine Qual vergessen!* Zu sterben, nachdem man so viele ehrwürdige Vorfahren entehrt hat, zu wissen, daß man seinem Sohn einen geschändeten Namen hinterläßt, einem Sohn, der ein ehrbarer Mensch ist, und in der Stunde des Todes zu erkennen, daß man in alle Ewigkeit allein sein wird, durch einen tiefen Abgrund von der Vergangenheit und der Zukunft des eigenen Geschlechtes getrennt.

Ludwig Ferdinand Huber, geboren am 14. September 1764 zu Paris, gestorben am 24. Dezember 1804 in Leipzig, wurde als einer der ersten in Deutschland auf de Sade aufmerksam. Seine »Recensionen aus dem *Freimüthigen*, der *Klio* und der *Leipziger Literaturzeitung*«, wie es in der Buchausgabe von C./fälschlich für L./*F. Huber's sämtlichen Werke seit dem Jahre 1802* heißt, finden sich dort im zweiten Theil, Tübingen, in der J. G. Cotta'schen Buchhandlung, 1810, S. 209 und S. 220–234.
Die *comoedia divina mit drei Vorreden von Peter Hammer*/Josef Görres/,Jean Paul und dem Herausgeber/Alois Wilhelm Schreiber/. Inspicere tamquam in speculum et ex aliis sumere exemplum sibi. 1808. 149 S. (»Mit dieser Schrift führten die Antiromantiker den Hauptschlag in dem sogen. ›Sonettenkrieg‹, welchen der alte Joh. Heinr. Voss in der *Jenaischen allgemeinen Litteratur-Zeitung* gegen die Heidelberger Romantiker eröffnet hatte. /. . ./ In der /. . ./ Satyre *Die Leipziger Messe* besuchen Jupiter und Merkur den romantischen Dichter Novalis Octavianus Hornwunder; dieser liest ihnen aus seinen Dichtungen vor, und Jupiter verwandelt ihn daraufhin in eine Gans, um ihn vor'm Tollhaus zu bewahren. /. . ./ – Von allergrösster Seltenheit.« Hayn/Gotendorf, 1912) Dort: S. 42–48 und S. 58.
*Schwester Monika – erzählt und erfährt.* Eine erotisch-psychisch-physisch-philantropisch-philantropinische Urkunde des säcularisirten Klosters X. in S. (»schwerlich von E. T. A. Hoffmann verfasst). 3 Abthlgn. Mit Holzschnitt-Titel. Kos u. Loretto (Leipzig) 1815. 12°. 284 fortlauf. gez. S. Grosse Seltenheit!« Hayn/Gotendorf, 1913) Diverse Ausgaben!
*Literarischer Almanach für 1829.* So nützlich und angenehm, als unterhaltend und lustig zu lesen. Von Lic. Simon Ratzeberger dem Jüngsten. /d. i. Christian Jakob Wagenseil, geboren am 23. 11. 1756, gestorben am 8. 1. 1839/ Dritter Jahrgang. Leipzig, Johann Friedrich Glück. S. 109–113.
*Memoiren eines deutschen Staatsmannes aus den Jahren 1788–1816.* Leipzig, bei Friedrich Fleischer. 1833. S. 243–245. Der Verfasser ist Johann Eustach von Görtz gen. Graf von Schlitz, geboren am 5. 4. 1737, gestorben am 7. 8. 1821. Ein mecklenburgischer Edelmann.
Oskar Ludwig Bernhard Wolff /geboren am 26. 7. 1799, gestorben am 16. 9. 1851/: *Allgemeine Geschichte des Romans, von dessen Ursprung bis zur neuesten Zeit.* Zweite vermehrte Ausgabe /der ersten Ausgabe von 1841/. Jena, Druck und Verlag von Friedrich Mauke. 1850. S. 332–337.

## splitter

Herausgegeben von Michael Farin

Band 1
**Leopold von Sacher-Masoch**
**Souvenirs**
Autobiographische Prosa

Band 2
**Aleister Crowley**
**Gilles de Rais**
The banned lecture

Band 3
**Cesare Ruggieri**
**Selbstkreuzigung**
Der Fall Matteo Lovat

Band 4
**Joris-Karl Huysmans**
**Magie im Poitou**
Gilles de Rais

Band 5
**Jules Janin**
**Der Marquis von Sade**
und andere Anschuldigungen

Band 6
**Leopold von Sacher-Masoch**
**Bruchstücke**
Autobiographische Prosa 2

**edition belleville**
Hormayrstraße 15 · 8000 München 50